中公新書 2332

大沼保昭著
聞き手 江川紹子

「歴史認識」とは何か

対立の構図を超えて

中央公論新社刊

大沼保昭著
聞き手 江川紹子

「歴史認識」とは何か

対立の構図を超えて

中公新書
2332

はじめに

大沼保昭

「歴史認識」とは、考えてみれば不思議なことばである。

歴史は無数の事実から成り立っている。わたしたちは、そこからいくつかの事実を選び取り、認識し、解釈する。紫式部がどういう時代背景で『源氏物語』を書いたのかを考えるのも歴史認識だし、連戦連勝だったナポレオンがなぜロシアに攻め込んで墓穴を掘ったのかを考察するのも歴史認識である。歴史認識とは、どの国のどの時代にもかかわる普通名詞、あるいは一般概念である。

ところが、日本では一九九〇年代以来、「歴史認識」はある特定の歴史にかかわることばとしても使われている。新聞やテレビ、あるいはネットで「歴史認識」が問題になる場合、それは一九三一〜四五年に日本が戦った戦争と一九一〇〜四五年の朝鮮植民地支配にかかわる問題であることが多い。「慰安婦」問題。「南京事件」。「靖国参拝」。などなど。

こうした問題については、日本国内でも、日韓・日中の間でも、激しい対立がある。米国やヨーロッパからも日本への批判が聞こえてくる。この本は二〇一五年に出版されるが、この二〇一五年は戦争と植民地支配の終結後七十年も経つ年なのに、対立はおさまりそうにない。むしろ二十一世紀になって論争はさらに激化しているようにみえる。

なぜだろう？

「歴史認識」（さらに「歴史問題」）ということばは、一九九〇年代から韓国で——これらのことばにあたる韓国語で——よく使われるようになり、日本でもそれにすこし遅れて盛んに使われるようになった。『朝日新聞』と『朝鮮日報』という日韓の主要紙をみると、一九八〇年代までは両紙ともこの二つのことばを表題に含む記事はごく限られているのに、『朝鮮日報』では九〇年代前半から、『朝日新聞』では九〇年代後半から、激増している。「慰安婦」「強制連行」「靖国」といったことばを含む記事も、ほぼ同じような傾向を示している（木村『日韓歴史認識問題とは何か』）。

とはいえ、九〇年代からこういった問題が毎年激しく論じられていたわけではない。わたしは二〇〇四年に東京大学で「「慰安婦」問題を通して人間と歴史と社会を考える」というゼミを一年間おこなったが、当初の受講登録者はたった一名だった。すでに村山富市《むらやまとみいち》元総理、上野千鶴子《うえのちづこ》、吉見義明《よしみよしあき》、秦郁彦《はたいくひこ》など、そうそうたる顔ぶれの方々に講師をお願いしていたわたしは、焦って二次募集をかけ、上野さんのご協力もあってようやく九名のゼミ生を確保することができた。ゼミそのものは、講師の話をまとめた『慰安婦問題という問い』という本の刊行につながり有意義なものだったが、二〇〇四年の「慰安婦」問題への社会の関心は、当初ゼミ受講登録者一名といった程度のものだったのである（『朝日新聞』の「慰安婦」記事の頻度をみても、二〇〇〇〜〇九年は一九九〇年代に比べて激減している）。

「歴史認識」にかかわる問題の浮き沈み——政治争点化と沈静化、さらに人とメディアの興味の移ろいやすさといってもよい——は、すでに一九七〇年代からこうした問題を研究し、また実践活動にもかかわってきたわたしの実感でもある。

国際法の研究者として最初の本格的な研究の対象に、わたしは「平和に対する（犯）罪」という概念を選び、一九七五年に『戦争責任論序説』という著作を著した。「平和に対する（犯）罪」とは、ドイツと日本の戦争指導者が遂行した侵略戦争の責任を追及するため、ニュルンベルク裁判と東京裁判で採用された法概念である。それ以後、今日に至るまで、戦争責任と戦後責任、サハリン残留朝鮮人、在日韓国・朝鮮人、「慰安婦」などの問題を、国際法学と歴史学の観点から研究してきた。同時に、そうした問題の解決に、主に市民運動という形を通して、またメディアを通じて社会に発信し、時には政府と協力して、実際にかかわってきた。

その間、日本国内のほか、米国、中国、韓国、欧州、他のアジア諸国でも、これらの問題について講演や報告をおこなってきたし、大学の授業やゼミでも取り上げてきた。この間、「慰安婦」「靖国」「歴史教科書」などの問題はしばしば政治争点化した。しかしどの時代にも、いかに一般の人々が問題について基本的な事実を知らされていないか、とくに日本が政府と市民社会を通じて一九七〇年代以降積み上げてきた努力が知られていないか、という無念な思いをしてきた。それは、「歴史認識」「慰安婦」にかかわる問題が主要紙の一面を飾り、テレビで取り上げられ、ネット上で激しく論じられる二〇一〇年代でも変わっていない。

こうした現実をもたらした責任は、日本の教育を司る文部科学省にもあるだろうし、テレビや新聞を通して一般の人々に日々情報と知識を提供しているメディアにもあるだろう。と同時に、こうした問題を研究し、それを公にすべき研究者の責任でもあるだろう。

本書でわたしが成し遂げたいことは、すぐれたジャーナリストである江川紹子さんに聞き手の役を演じてもらうことによって、読者の方々に「歴史認識」にかかわる「見取り図」を示すことである。そして、本書の読者が、それまで自分がもっていた見取り図をすこしでも考え直し、自分と対立する考えをもつ人たちと見取り図を突きあわせるのを助けることである。

これにはいくつかの作業が必要である。

第一に、問題にかかわる基本的な歴史の事実を知っていただかなければならない。

第二に、そうした事実の認識と解釈に——日本国内でも、日本と外国との間でも、外国の国内でも——大きな違いがあること、そしてその違いを生み出すさまざまな理由、根拠と原因があることを知っていただかなければならない。ある国の国民の常識が他国の国民の非常識というのは、国際社会ではよくあることである。日本国内においてさえ意見の極端な違いはあるし、反日一色で染まっているようにみえる韓国の国内にも、そうした「反日」を批判し、克服しようとする声はある。そういうことも知ってもらいたい。

第三に、違いが出てくる背景や思考の枠組みを浮かび上がらせることにより、「歴史認識」をめぐって対立する考えの持ち主たちがなぜかくも異なる認識をもっているのかを、同意できないまでも、理解できる材料を提供したい。これが本書のねらいである。

わたしの考えでは、「歴史認識」にかかわる諸問題が二十一世紀になっても激しく論議され、対立を生んでいる根本的な原因は、①戦争と植民地支配、そして人権というものへの国際社会全体の捉え方が二十世紀を通じて大きく変化した、②それに伴って、第二次世界大戦と朝鮮植民地支配について一九七〇年代までにサンフランシスコ平和条約、日韓と日中の国交正常化などで法的に解決されたつもりだった問題が、八〇年代以降見直しを求められるようになった、③日本国民の間に、戦争と植民地支配の問題について反省をしつつも、「東京裁判＝勝者の裁き」という見方に代表される諸外国の「不公平さ」への割り切れない思いが一貫して存在していた、④中国と韓国の人々が近現代史をみるうえで深い被害者意識を抱いており、その矛先が「加害者」日本に向けられやすい、といった点にある。

日本社会は、たまたま一九九〇年代以降の長引く経済不振から「経済大国」としての自信を喪失し、内では少子高齢化、外では中国の経済・軍事大国化と韓国の経済的・文化的存在感の増大によって傷つきやすい状況になっていた。そうしたなかでこれらの基底的要因が顕在化したことから、「歴史認識」問題が極度にネガティブな感情・反応を伴って論議され、さまざまな対立が激化してきたように思われる。

むろん、このように抽象的にいっただけでは、読者のみなさんにはよく理解していただけないだろうし、わたし自身が無用な反撥と対立の種をまいてしまったのかもしれない。しかしそこは、江川紹子さんが聞き手となってわたしの考えを引き出してくれる第1章から第5章の一問一答を読んで、なるほどと思ったり、逆に納得できないときは巻末にあげる参考文献も読んで、さらに考えてみていただきたい。

わたしとしては、これまでの自分の研究だけでなく、実践活動の経験も活かして、「歴史認識」という論争的なテーマに、理窟だけでなく人間の感情、情感の面も大切にしながら、極力「フェアであること」をモットーに取り組んでいきたい。取り上げるテーマは、東京裁判（第1章）、講和と国交正常化（第2章）、戦争責任・戦後責任（第3章）、「慰安婦」問題（第4章）、「歴史認識」問題の歴史と国際比較（第5章）である。

聞き手である江川紹子さんのお勧めは、「第5章から読んでみてはどうでしょう？」とのこと。わたしとしては、読者の興味に従ってどこから読んでいただいてもかまわない。靖国神社への総理大臣の参拝、歴史教科書、サハリン残留朝鮮人、領土問題など、「歴史認識」にかかわる具体的な問題はほかにも多いが、紙数の制限もあり、わたしの能力の限界もあり、ほとんど扱っていない。ただ、こういった問題を考えるうえでも使える「ものの見方」（＝認識の枠組み）は、本書で示したいと考えている。

「慰安婦」「満洲事変」など、カギ括弧《かっこ》を付けて使用すべきであろう――わたしの多くの著作ではそうしてきた――ことばにも、本書では付けていない。また、引用その他の作法も、学術書の作法には従っていない。物足りない読者は、巻末の参考文献リストを参照していただければ幸いである。

第1章　東京裁判

――国際社会の「裁き」と日本の受け止め方

東京裁判・判決の日を迎えたA級戦犯の被告席（読売新聞社）

ニュルンベルク裁判と東京裁判

江川　第二次世界大戦後、日本に関しては一九四六年から四八年に東京で、ドイツについては一九四五年から四六年にニュルンベルクで、国際軍事裁判がおこなわれ、戦争指導者が裁かれました。東京裁判では、太平洋戦争開戦時（一九四一年十二月）に首相だった東条英機《とうじょうひでき》ら七人の軍人や政治家が死刑の判決を受けています。このような裁判がおこなわれるのは、はじめてですか。なぜ、このような裁判をすることになったのですか。

大沼　世界史のうえでも、日本史でも、長年の歴史のなかでは、負けた側の責任者を裁判なしで処刑する、あるいは自決させる、ということがおこなわれてきました。その人間に利用価値があれば、むろん生かしておくこともある。いずれにせよ、勝者の政治的裁量に委ねられていたわけです。こうした歴史のなかで、最初に国際裁判が試みられたのは、第一次大戦のあと、戦勝国側がドイツの戦争責任者であったカイザー（皇帝）のヴィルヘルム二世を裁判にかけようとしたときです。ところが、彼は敗戦後オランダに亡命してしまいます。戦勝国側は引き渡しを要求したが、オランダは「政治亡命者だ」として引き渡さなかった。それでカイザーを裁くことはできなかった。他のわずかな者の裁判はおこなわれたのですが、きわめて限定的・形式的で、有名無実といっていいものになってしまいました。

ですから、国家の最高指導者を含む戦争責任者を国際法で裁く大がかりな裁判というのは、ニュルンベルクと東京の裁判が、史上初だったわけです。

実は、連合国が戦時中ドイツの戦後処理について話し合ったとき、即決処刑を主張する意見もかなり強かったのです。イギリスのチャーチルも即決処刑を主張したのですが、意外なことにソ連のスターリンが、「裁判の手続きをふまずに処刑してはならない」と反対していますす（もっとも、スターリンは戦争初期の段階では、大量のナチスの即決処刑を主張していました）。

ドイツの場合、ソ連と戦火を交えた東部戦線と、ノルマンディー上陸作戦に象徴される、米英など西側諸国が戦った西部戦線がありました。連合国の対独勝利にあたって、ソ連の役割は決定的で、東部戦線でソ連がドイツの侵略を一身に受け止めて、それを盛り返して最終的に勝利を収めました。このため、ドイツの戦後処理に関しては、ソ連の発言権はかなり大きかったのです。

米国政府内にも即決処刑論があったのですが、米国の参戦に至る過程を正当化するうえで、日独の戦争が侵略戦争であったことを疑問の余地なく示すため、最終的に裁判方式をとることを決めました。こうして一九四五年に、当時日独と戦っていた「連合国」——これは、ごく少数の日独側の「枢軸国」とわずかな中立国を除く、国際社会の圧倒的多数の国々でした——を代表する米ソ英仏の四カ国が、ニュルンベルクでドイツの戦争指導者を裁く国際軍事裁判方式を決めました。一九四五年八月にこの四カ国の間で裁判の根拠法となるロンドン協定が結ばれています。

一方、日本の場合は、主戦場は中国だったのですが、対日戦勝利に決定的役割を果たしたのは米国でしたから、米国の発言権が圧倒的で、ソ連が口出しする余地はほとんどありませんでした。米国政府のなかにもいろいろな意見があったようですが、最終的には連合国軍最高司令官のマッカーサーが極東国際軍事裁判所憲章を発布し、これにもとづいて裁判をおこなうことになりました。条約にもとづいておこなわれたニュルンベルク裁判とは、直接的な根拠文書は違いますが、国際社会を代表する連合国の意思にもとづくという意味では同じです。

東京裁判は、日本という国家を裁く裁判ではなく、あくまでも戦争の主要責任者の個人的な刑事責任を裁く裁判でした。ニュルンベルク裁判も、この点は同じです。東京裁判では、張作霖《ちょうさくりん》爆殺事件があった一九二八年六月から四五年八月の敗戦までが審理の対象となり、二十八人が起訴され、裁判の途中で死亡した二人と精神障害のために免訴となったひとりを除く、二十五人に有罪判決が言い渡されました。

江川　被告人のなかに、昭和天皇が入っていませんね。

大沼　昭和天皇が戦争を望んでおられなかったことはおそらく事実でしょうが、大日本帝国憲法の下で天皇は主権者であり、国家の最高責任者でした。法理論的には、天皇が訴追されないということはあり得ない。ただ東京裁判は、米国が主導した占領政策の枠内の裁判でした。その米国が、昭和天皇を訴追しないと決めたわけです。当初は、米国内でも天皇を強く非難し、「ヒロヒトを絞首刑に」という声も大きかった。しかし、天皇を訴追したら日本国民が動揺・反撥《はんぱつ》し、占領政策をスムーズに遂行できなくなる可能性がある、それに対処するコストがあまりにも大きい、と考えたことが大きかったようです。

オーストラリアやフィリピンなどからは、それに対する反撥もかなりありましたが、それをすべて米国政府が抑え込んだのです。最終的に誰を起訴するかを決める会議では、オーストラリア選出の検察官が天皇を訴追すべきだという意見を出したのですが、否決されています。その後、検察側は天皇の証人尋問の請求すらしませんでした。弁護側も、被告人たちが天皇を守るという意思を共有していたので、尋問を求めることはありませんでした。

「勝者の裁き」と「アジアの不在」

江川　東京裁判もニュルンベルク裁判も、裁判官などはすべて戦勝国から出される、いわば「勝者の裁き」ですよね。もうすこし中立的な立場の人が裁判官になるとか、日本からも裁判官を出すとかいうわけにはいかなかったのでしょうか。

大沼　連合国側も、当初から「裁判をやっても、敗戦国側からは「勝者の裁き」という反撥は出るだろう」と考えていました。かといって、連合国は凄惨《せいさん》な第二次大戦を戦い、膨大な犠牲者を出したわけで、「ヒットラーを縛り首に！」「ヒロヒトを縛り首に！」といった声が圧倒的に大きかった。そうしたいきり立った各国の国内世論からして、敗戦国から裁判官を選ぶことは、とうてい考えられなかった。

中立国から裁判官を選ぶべきだったのではないかというのも、一般的には当然あっていい考え方でしょうね。ただ、第二次大戦の末期には世界のほとんどの国が日独など枢軸国側に宣戦布告をしていて、有力な中立国は少なかったのです。国の数を数えるのは、国をどう定義するかによるので難しい（たとえば「満洲国《まんしゅう》」は、日本は国家と認めていたが、世界の圧倒的多数の国は国家と認めていなかった)のですが、一九四五年当時、約五十カ国が連合国、日独を含む三カ国が枢軸国、スイスなど約十カ国が中立国でした（日本では普遍的な組織である「国際連合」と「連合国」とを訳し分けていますが、両者とも元々の英語は the United Nations です）。つまり、日独はおそらく世界の総人口の九割ぐらいを占める国々と戦ったことになる。東京裁判が「勝者の裁き」というのはそのとおりなんですが、当時の国際社会の圧倒的多数が「勝者」であり、ニュルンベルク裁判も東京裁判も、国際社会を代表する連合国の裁判だったわけです。

具体的にはニュルンベルク裁判は四カ国によっておこなわれましたが、東京裁判に関与した国は、それよりはるかに多くて、最終的には十一カ国になりました。当初は、極東委員会という日本の占領のあり方を決める連合国の機関の構成国九カ国——米国、ソ連、イギリス、フランス、オランダ、カナダ、ニュージーランド、オーストラリア、それに中国——の予定でした。その後、インドとフィリピンが追加されて、この十一カ国から裁判官をひとりずつ出したのです。米国は、米国人のキーナン検事を主任検察官として選出したので、裁判長まで取ると米国色が強すぎるということでオーストラリアに譲り、オーストラリアから派遣されたウェッブ判事が裁判長を務めることになりました。

このように、裁判所の構成は欧米中心で、「アジアの不在」を感じざるを得ません。アジアの国々のなかから裁判官を出したのは、中国とインドとフィリピンだけ。インドネシア、マレーシア、ベトナム、シンガポール、ビルマなど、日本軍と実際にその地で戦った国々は裁判に参加していない。日本が植民地支配をおこなった韓国、北朝鮮も、東京裁判当時は建国前で、裁判には参加していません。

今日の観点からみると違和感を感じる人もいるでしょうが、そういった裁判所の構成は当時の国際社会の認識を反映していたわけです。国際法的にいえば、裁判官を出すのは第二次大戦における連合国ということになるわけですが、それらの国々は、アジアでは植民地の宗主国になってしまう。インドネシアの場合は、日本軍が侵攻するまでインドネシアを支配していたオランダ、マレーシアやシンガポールは英国、ベトナムはフランスです。

フィリピンとインドの場合は、対日戦における犠牲の大きさ、「植民地」とはいっても戦前から国内法上も国際法上独自の地位をもっていた、等の事情もあって、裁判官を出すことができた。でも、インドネシア、マレーシア、ベトナムなどは日本と旧宗主国との戦いで大きな被害を受けたのに、裁判に参加することはできなかった。これらの国々の植民地支配国だったヨーロッパ諸国は、どうしても自国の軍人や市民に対する日本軍の行為を問題にしがちです。これは東京裁判だけでなく、通常の戦争犯罪が裁かれた、いわゆる「ＢＣ級」戦犯の裁判でもそうです。

東京裁判は、日本の戦争犯罪全般を裁く裁判としておこなわれたので、アジアにおけるさまざまな侵略行為、残虐行為、戦争法違反行為もむろん裁かれています。たとえば一九三七年十二月に南京《ナンキン》で日本軍が大規模な虐殺行為を犯したことは日本国民にも世界の人々にもほとんど知られていないことだったので、東京裁判でそれが証拠の裏付けをもって白日の下にさらされたことで、被告人も含めて大変な衝撃を与えました。このように、アジア人を対象とする行為についても、裁判の対象にはなっています。

ただ中国の場合、当時の国民党政権は、共産党との内戦に関心を集中させていて裁判どころではないという状況もあって、中国政府からは十分な証拠も送られてこなかったといわれています。それ以外の国々についても、アジアの民衆の被害は、欧米人の捕虜《ほりょ》虐待に比べて明らかに軽視されていたと考えられます。

侵略戦争遂行の共同謀議

江川　十一もの国が参加する裁判は、どういう法でおこなわれたのでしょうか。国によって、裁判のルールも法律の考え方も違うと思いますが……。

大沼　世界にはさまざまな法体系があります。今日であれば、イスラーム法とか、ヒンドゥー法とか、中国の法体系とかも考慮すべきだということになるかもしれませんが、ニュルンベルク・東京裁判がおこなわれた当時は、圧倒的に欧米中心の世界でしたので、主な法体系は英米法かヨーロッパ大陸法と考えられていました。ニュルンベルク裁判の根拠法は、イギリスとアメリカが英米法、ソ連、フランスが大陸法で、二対二だったので、両者の妥協の産物としてルールがつくられた。東京裁判は米国主導でしたし、英国のほかカナダ、オーストラリア、ニュージーランド、インドも英国法の影響を強く受けているので、英米法的な色彩が強かった。

ニュルンベルク裁判でも東京裁判でも英米法の影響がもっとも強く出ているのは、「共同謀議(conspiracy)」という犯罪類型が採用されたことです。これは、米国でマフィアなどの組織犯罪を取り締まるうえで強力な効果を発揮した犯罪類型です。共同謀議が認定された被告人は、途中で明確にその仲間から離脱した証明がない限り、仲間の全行動に責任を負うことになります。訴追する側からすると、組織の犯罪に直接かかわっていなくても、共同謀議の構成員であれば責任を問うことができる。マフィアを一網打尽にできる、強力な武器だったのですが、それが戦争指導者を裁く裁判に持ち込まれた。

東京裁判では、一九二八年から四五年までの全般的な侵略戦争遂行の共同謀議が訴因のひとつになったのですが、有罪判決を受けた二十五人中、二十三人がこれで有罪になっています。ただ、一九二八年から四五年までの長い期間には、いろいろな局面がありましたし、政府も軍も決して一体とはいえなかった。にもかかわらず、これだけ広範な人たちに「共同謀議」があったとするのは、いくら共同謀議の概念が包括的だといっても、あまりにも行き過ぎではないか。こういう批判があるのは当然といえるでしょうね。

裁判官のなかには、こうした犯罪類型を取り入れた極東国際軍事裁判所憲章の合法性を裁判所自身が審査すべきだ、という考えの人もいました。しかし、そもそもそうした憲章にもとづいて裁判官に任命され、裁判官自身それを受諾して裁判をおこなっているわけですから、憲章は裁判官も拘束するという考え方が有力で、裁判所は憲章を審査することはしませんでした。

「平和に対する罪」と「人道に対する罪」

江川　東京裁判は被告人の刑事責任を決める刑事裁判ということですが、裁きの根拠となる法典は何で、どのような罪名で裁かれたのでしょうか。国内の刑事裁判では、たとえば殺人事件なら刑法第一九九条で「人を殺した者は、死刑又は無期若しくは五年以上の懲役《ちょうえき》に処する」とあって、これにもとづいて処罰が決まるわけですが、戦争犯罪、それも国際法廷では、根拠となる条約があったわけですか。

大沼　裁判の根拠法とされたのは極東国際軍事裁判所憲章で、憲章は対象とする犯罪類型を、A「平和に対する罪」（「平和に反する犯罪」のほうが適訳だが、以下一般的な訳語に従う）、B「通例の戦争犯罪」、C「人道に対する罪」（訳については「平和に対する罪」と同じ）と規定しました。「平和に対する罪」と「人道に対する罪」は、ニュルンベルク裁判と東京裁判のために連合国が新たにつくり出した犯罪類型です。その意味で、「事後法の禁止」——実行のときに適法であった行為について、後に制定された法で遡って処罰することはできないという近代法の原則——に反する可能性が強い。東京裁判では「人道に対する罪」は判決で認められていません。

「平和に対する罪」でもっとも大きな根拠になるのは、一九二八年にパリで締結された不戦条約。日本も条約の当事国です。この不戦条約で、国際紛争解決のために戦争に訴えることが一般的に禁止されました。十九世紀から二十世紀初頭の国際法の下では戦争は違法とされず、むしろ国家政策の一手段として位置づけられていました。それが第一次大戦後に国際連盟規約で「戦争に訴えない義務」をうたった頃から、戦争を国際法上明確に違法とすべきだという考えが強まってきて、それが不戦条約として結実したわけです。

日本が関東軍の謀略による満洲事変を開始したのは、この不戦条約を結んだ三年後の一九三一年です。日本はこれを自衛と主張しましたが、実際には不戦条約と、日本を含む関係九ヵ国が中国の主権、独立、領土保全を尊重することを約束した九ヵ国条約に違反した武力行使であることは明らかでした。こうした認識は当時の国際社会で広く共有されていました。東京裁判は満洲事変から四五年までの日本の戦争を全体として違法な侵略戦争としています。この判決は、その限りでは世界中の多くの国際法学者、歴史家によって支持されているといえるでしょう。

ただ、違法であるということと、犯罪であるということとは、別問題です。日本が国際法上違法な戦争をやったからといって、国家指導者がそれについて刑事責任を問われることにはならない。罪刑法定主義という近代法の原則に立てば、どのような行為が犯罪に当たるのかは、あらかじめ法で明らかにしておかなければならない。不戦条約は戦争を違法としましたが、違法な戦争をおこなった者が個人として刑事責任を問われるということは規定していない。一九三一年の満洲事変だけでなく、三七年の日中戦争、四一年の真珠湾《しんじゅわん》攻撃とマレー半島上陸作戦の当時も、国際法上違法な戦争をおこなった者が刑事責任を問われるという観念は確立していなかった。ですから、東京裁判は侵略戦争の認定という点では正しかったわけですが、「平和に対する罪」で被告人を裁いたという点では事後法による処罰であり、近代法の基本原則に反するという批判を免れない。

ニュルンベルク裁判の訴因は、「平和に対する罪」「人道に対する罪」「通例の戦争犯罪」、それに「共同謀議」の四つだけです。ところが、東京裁判の訴因は五十五もあります。先ほど述べた侵略戦争の共同謀議に加え、中国に対する侵略戦争、米英仏蘭に対する侵略戦争、さらにはモンゴルと満洲の国境付近で日本軍とソ連軍が戦ったノモンハン事件などが、「平和に対する罪」として裁かれました。戦争遂行中おこなわれた戦争法違反行為——捕虜の虐待、民間人の殺害など——も裁かれました。さらに命令を下すなど、自らおこなった行為のほかに、本来阻止すべきであったにもかかわらず阻止しなかった不作為も裁かれています。松井石根《まついいわね》のように、共同謀議や侵略戦争遂行に関しては無罪とされたものの、南京事件で起きた戦争法違反行為を防止しなかった責任を問われて死刑となった者もいます。

裁判は公正だったのか

江川　裁判は公正におこなわれたのでしょうか。弁護はちゃんとなされたのでしょうか。

大沼　刑事裁判ですから、検察側が高い程度の証明をしないと、いくら戦勝国の裁判官たちといっても、有罪判決は下せない。陸軍軍人で文部大臣として軍国教育を進めた荒木貞夫《あらきさだお》はほとんどの訴因で無罪となり、侵略戦争遂行の共同謀議と対中国侵略戦争遂行で有罪となりました。終身禁錮刑を受けましたが、七年後には仮出所しています。南京虐殺の責任を問われた松井石根が有罪とされた訴因は先ほどお話ししたようにたったひとつです。他の訴因では有罪とされていないのです。勝者の裁きとはいわれるけれど、事実認定はかなり厳格におこなわれたといえるのではないか。むろん、一九二八年から四五年までの戦争を全般的共同謀議と認めるなど、今日の歴史学の観点からすれば、さまざまな誤りや限界はあったけれど、当時としては精一杯、証拠を伴った事実の提示がなされた、とはいえると思います。

弁護活動についても、それなりに保障されていたといえるでしょう。とくに米国人の弁護士たちは、自分たちの敵国の戦争指導者の弁護だったにもかかわらず、誠心誠意、被告人の利益のために弁護活動をおこなった。この点は日本人の弁護団も認めています。弁護団は最初は日本人だけだったのですが、英米法の理解が不十分な人が多く、弁護団のまとまりもよくなかった。米国人の弁護が加わったことは、種々問題が多かった東京裁判の意義を高めるのに役立ったといえるでしょう。

とはいえ、基本的に戦勝国が敗戦国の指導者を裁くという枠内での裁判であったため、弁護活動を制約された面があるのは否定できない。その最たるものは、米国の原爆投下とかソ連の日ソ中立条約侵犯など、連合国側の違法行為を弁護側が取り上げようとしても、この裁判には関連性がないということで、許されなかったことです。「関連性なし」という裁判所の見解は、東京裁判が日本人の戦争指導者を被告人とする裁判であることからすると、法技術的にはそれなりに根拠のある言い分ではある。しかし、法というものは、その公平な適用が根幹にあるはずです。その観点からみると、東京裁判が重大な問題点を抱えていたことは否定できない。

南京事件の事実関係はなぜ確定できないのか

江川　東京裁判で裁かれたのに、日中間でも日本国内でも「歴史認識」がどうしてもかみ合わないのが、南京大虐殺です。大きな出来事だったと思うのですが、なぜ事実がいつまでも固まらないのでしょうか。

大沼　中国政府は、死者が三十万人以上といっています。どれだけのエリアを「南京」と考えるのか、いつからいつの時期に起きたことを南京事件に含めるのか、また戦闘行動の結果とみるか、虐殺とみるか、虐殺の定義などによって、死者の数は変わってきますが、それでも三十万という数字は実証史学上無理な数字でしょう。ただ、これは共産党独裁体制の不幸でもあるのですが、いったん党が三十万人といってしまうと、それを変えることはきわめて難しいし、学者もメディアもそれと違ったことはいえない。もっとも、民主主義の下にある日本政府でさえ、かつて自己が犯した過ちを認めることには強く抵抗しますので、これは国家・政府という権力の性《さが》ともいえるかもしれない。

東京裁判は死者二十万人と認定していますが、これにも学問的には批判がある。日本の研究者のなかには約四万人という説（秦『南京事件』）もあり、これは国際的にもかなり評価されている説のようです。ただ、仮に四万人だったとしても、それが民間人の殺戮を含む、戦争法に違反する行為であったことは否定できないわけですから、その点ははっきりと認めなければならない。日本の外務省も、「日本軍の南京入城（1937年）後、非戦闘員の殺害や略奪行為等があったことは否定できない」とホームページに書いています。中国政府が犠牲者の数を過大に主張してきたことは冷静に批判すべきですが、南京で日本軍が虐殺行為を犯してしまったことそれ自体は認めるべきでしょう。東京裁判でこの責任を問われて死刑になった松井石根大将も、部下たちのこの戦争法違反を阻止できなかったことを深く悔いていたのです。

「東京裁判史観」とは何か

江川　当時の日本国民の東京裁判への受け止め方はどうだったのでしょうか。

大沼　当時の国民の多くは、自分たちを戦争でひどい目に遭わせたお偉方が裁かれるのは当然だという冷ややかな目でみていたようです。日本国民は自らが三百万人以上の犠牲者を出し、戦略爆撃で痛めつけられており、自分たちが中国や東南アジアで大勢の人たちを殺してしまったことを考える余裕はなかった。すべては東条たちが悪いということで、日本の罪をすべてA級戦犯に引き受けさせる心理が働いた。これは否定できないと思います。以前、国際政治学者の細谷千博《ほそやちひろ》氏に東京裁判について話を聞いたことがあります。敗戦直後細谷さんは大学生でしたが、生きるのに精一杯で、東京裁判にはほとんど関心がなかった、といっていました。国際政治を専門に研究することになる学生ですら、そういう状況だったわけ。

興味深いのは東条英機への評価です。東京裁判の被告人として逮捕されていたとき、東条の人気は地におちていました。彼は逮捕されるとき、自殺を図ったが、しそこなった。軍人のくせになんとみっともない、だらしない、いう悪評が蔓延《まんえん》していた。ところが、裁判で被告人尋問を受けたとき、東条はキーナン検事の尋問を切り返して、たじたじとさせた。ほう、意外とやるじゃないかと、東条人気はかなり回復したようです。

もうひとつ、先にも触れた法の公平な適用に関連して、東京裁判が「勝てば官軍」の「勝者の裁き」だったという受け止め方。これは強かったし、その後も根強く残ります。これは当然だし、ある意味で健全な批判精神のあらわれです。

それでも、多くの国民は東京裁判の結果を受け入れたといってよいでしょう。東京裁判では戦時中の言論統制で国民に隠されていた「皇軍」による陰謀や残虐行為など、歴史の事実が日本国民の目前に提示された。このことは日本国民にとってショックではあったけれど、歴史の事実に向き合わされるという意義は大きかったのではないか。

東京裁判はその進行中は日本国内でかなり論議されますが、その後一九七〇年代までは議論されることはあまりなかった。ところが、八〇年代になると、一部の人が声高に「東京裁判史観」批判をするようになった。そして、九〇年代以降日本の経済状態が厳しくなり、二十一世紀になって経済大国ナンバー2の座を中国に奪われ、慰安婦問題で国際的に批判されるという状況になっていくにつれて、東京裁判に対するバッシングが強くなってきたように思われます。

ただ、この時期に出てきた東京裁判批判論は、すでに東京裁判の弁護団がいっていること、あるいはその直後にいわれたことと、ほとんど変わらない。進歩がない。「平和に対する罪」が事後法であり、裁判所の構成が不公正だったのは確かですが、ではほかにどういう選択肢があったのか。日本の侵略戦争で一千万人以上の人々が殺された被害国の国民にとって、その責任者の責任を問わないで済ますことはあり得ないでしょう。それは、仮に日本国民が米国や中国に侵略されて何百万もの犠牲を出していたら、と考えたらよくわかるでしょう。

たのか。

裁判をやらなかったら、即決処刑という選択肢しかなかったでしょうが、そのほうがよかったのか。

「東京裁判史観」批判というのは、東京裁判の判決における認定、とくに日本の戦争が国際法上違法な侵略戦争だったことや、南京で日本軍が大規模な虐殺行為を犯したという判断を、受け入れるべきではないという考えのようです。あの戦争は日本が満洲にもっていた正当な権益を守るための自衛戦争であり、アジア解放のための戦争だった。戦後の日本人が「東京裁判史観」を受け入れてきたのは連合国の占領政策と左翼による教育によるものだ。そういう考えの人たちが、東京裁判の判決はケシカラン、といっている。世界の国際法学者や歴史家は東京裁判を認めていない、と主張している国際法学者もいました（佐藤監修『世界がさばく東京裁判』）。

しかし、こうした主張は明らかにまちがっています。わたしは一九七〇年から東京裁判、ニュルンベルク裁判にかかわる国際法の研究・教育に従事して、世界の主だった国際法学者と学問的交流を重ねてきましたし、歴史学者の方々とも左右を問わず意見を交換してきましたが、世界の主要な学者でそうした主張をする人はまずおりません。佐藤教授の本が引用する「八五人の外国人識者」の選出基準はおよそ学問的基礎を欠いているし、引いている見解も恣意《しい》的なつまみ食いで、とてもまじめな研究書とはいえない。

南京虐殺の被害者を二十万人としたことは正確でないといった指摘や、七三一部隊による人体実験や細菌兵器の開発が審理の対象にされなかったことなど、東京裁判に一定の問題点があったのはたしかですが、一九三一年から四五年までの日本の戦争が全体として国際法上違法な侵略戦争であったこと、その過程で日本が大量の戦争法違反行為を犯したことは、世界中の国際法学者と、歴史学者が共有している認識です。日本人が占領軍によって洗脳されたり、左翼の教育によって思い込まされた特殊な見方ではありません。

にもかかわらず、これを「東京裁判史観」と呼んで否定しようとすればするほど、国際社会の共通の認識とはずれていってしまう。日本人がそうした独善的な「歴史認識」を主張すれば、世界で孤立し、日本に好意的な人々まで遠ざけてしまう。

ただ、これはいっておきたいのですが、日本はたしかにかつて侵略戦争をおこなって東京裁判で裁かれたけれども、戦後その戦争を深く反省し、平和憲法の下で、東京裁判の精神からみて米ソ英仏中など、旧連合国の主要国よりはるかにましな行動をとってきたのです。これは、わたしたち日本国民が世界に誇るべき事実です。そういう日本だからこそ、日本を裁いた国の指導者や戦争犯罪人も同じ法で裁かれるべきだ、といえるわけですし、いい続けなければならない。そういう形で世界の平和を脅かす行為をきっちりと批判していくのが、不公正な面をもっていた東京裁判を正し、逆に活用していく道だと思います。

判決は苛酷だったのか

江川　七人が死刑となり、あまりに苛酷《かこく》であり報復的な裁判だった、という批判もあります。

大沼　あれだけすさまじい犠牲者を出した戦争について、主要戦争犯罪人として東京裁判で有罪とされた被告人は、二十五人です。死刑についていえば、戦争法違反行為で有罪となった「BC級」戦犯は一千人以上が死刑に処せられたわけですから、はるかに多い。戦争をくり返してきた人類の長い歴史のなかで、東京裁判は、日本の主要な戦争指導者の責任からいうと、米国の占領政策の影響もあって、実に寛大なものだった、といわざるを得ません。日本の戦争で殺された人は、実証史学の研究をもってしても厳密な数字は出せないようですが、おそらく一千万人以上と考えられる。そうした膨大な犠牲者の遺族の方々からすれば、東京裁判にせよ、第2章でお話しする日本と連合国の講和にせよ、寛大すぎる、大きな不満の残るものだった。これは殺された側の人々からみれば当然のことでしょう。

実際、東京裁判のあとも、日本の侵略戦争の被害を受けた諸国には、日本への恨みが長く残っていました。東南アジアでも一九七〇年代くらいまではかなりありましたし、二十一世紀になっても、中国では「A級戦犯」が祀られている靖国神社に日本の首相が参拝したりすると、反日ナショナリズムとして噴き出してきます。捕虜が殺されたり虐待された英国、オランダ、オーストラリアなどにも、反日感情は一部に根強く残っていました。

戦後七十年も経つと、アジアで被害を受けた人たちのことを想像することもできなくなって、「日本は、そもそもそんなに悪いことをしたの？」という気持ちになってしまうのは、自然なことかもしれません。

ただ「戦争の記憶の風化」は、日本の対外的責任意識の問題だけでなく、戦争そのものの記憶の風化ですね。そしてそれには、戦争責任の問題に自ら直面してこなかった戦後日本の不作為がかかわっているのかもしれない。日本国民は、自国民に三百万人以上の犠牲を強いた指導者を、自分たちで裁くことをしなかった。他者が裁いた東京裁判を、あるいは肯定し、あるいは批判し否定するということで終えてしまっている。国民全体があれほど必死に戦った十五年戦争を、国民としてどう考えるのかを総括する場がなかったわけです。

東京裁判の日本側弁護団長だった清瀬一郎《きよせいちろう》が、もし占領国による裁きでなければ、被告人たちは無罪を主張しなかっただろう、といっています。被告人たちは天皇には責任を感じていました。日本国民にも申し訳ないという気持ちはあっただろうとわたしは思うし、思いたい。けれども東京裁判は、「占領国の裁判」「勝者の裁き」であるということから、ひたすら

「自分たちは無罪だ」という、刑事被告人としての権利を主張するだけで終わってしまっている。この問題は第3章と第5章でも考えることにしましょう。

パル判事の「日本無罪論」は誤り

江川　東京裁判の判事のなかには、日本無罪論を唱えた人もいますね？

大沼　インドのパル判事が日本無罪論を唱えたといわれることがありますが、これは不正確です。そもそも東京裁判は、日本の侵略行為や戦時中の国際法違反行為に責任を負う東条など指導者個人の責任を問うたものであって、日本という国家の有罪・無罪を判定したものではありません。パルにしても、日本の武力行使が問題となった一九二八年から四五年の時点において侵略戦争を企画・遂行した者の個人責任を問うという観念は確立していなかったから被告人は無罪だというだけであって、日本が無罪だとは一言もいっていない。日本軍に戦争法に違反する忌むべき行為があったことはパルも認めている。

問題なのは、東京裁判を批判する人たちにパル判事の神格化がみられることです。パルは、欧米の植民地支配に対する徹底した批判者でした。わたしも、欧米の植民地支配の歴史は批判されるべきもので、それを主張することは正しいと思う。ひとりの学者として、あるいは一個人としての主張であれば、賛同したい点も多々あります。「平和に対する罪」が事後法であって、それにもとづく個人の刑事責任追及は許されないという議論もそのひとつです。しかし、彼は東京裁判の裁判官として反対意見を書いているのです。そこに大きな問題がある。まず、彼は審理を大幅に欠席して、法廷でのやりとりも十分聞かずに、ホテルに籠《こ》もってひたすら反対意見を書いていた。これは、裁判官としてとうてい許されないことで、いわば裁判官の名を借りて、個人的な見解を判決の反対意見として発表したと批判されても仕方がありません。内容的にも、被告人の個人刑事責任の追及を不可とするだけでなく、日本の戦争が違法な侵略戦争といえないという趣旨のことまで主張しているのは明らかにまちがっている。パルの反対意見は分量こそ多いものの、質的にはかなり問題があり、そうした見解を神格化するのは非常に問題だろうと思います。

これに対して、オランダのレーリンク判事の反対意見は、いろいろな点で示唆的です。とくに、「平和に対する罪」による死刑に彼は反対したのですが、その理由付けは興味深い。彼も、やはり「平和に対する罪」は事後法の疑いがあると考えます。その一方で、一定の政治的措置として侵略戦争の責任者を拘束することはできると考えた。ただし、生命剝奪《はくだつ》を伴ってはならない。これが彼の意見でした。

レーリンクは、法を孤立したものとして扱うのではなく、さまざまな要素を総合的に勘案し、バランスを考えながら結論を導き出します。

あれだけ深刻な、人間性の根源を否定するような行為がなされた第二次大戦の責任者を処罰しないわけにはいかない。これは当時の国際社会のコンセンサスだったといっていいでしょう。その場合、当時すでに犯罪として確立していた通例の戦争犯罪――捕虜虐待や個々の民間人の殺害など――についてだけ責任者を処罰して、侵略戦争そのものを罪とする「平和に対する罪」と六百万人ものユダヤ人を虐殺した「人道に対する罪」の責任者を裁かなければ、いわばこそ泥は処罰するが大盗賊は見逃すというような結果になってしまう。それは明らかにおかしい。だから、「平和に対する罪」は裁かざるを得ない。

他方で、事後法の禁止という近代法の大原則がある。だから、事後法の疑いの強い訴因で死刑にするのは避けたい。このことを、レーリンクは率直に語っています。「平和に対する罪」の有責者への政治的措置として拘禁が認められるという彼の議論には疑問もあるでしょうが、それでも事後法の疑いの強い「平和に対する罪」で死刑にするのは避けるべきだ、というレーリンクの考えはよくわかります。

その後レーリンクは、オランダ政府の国連代表団の一員としても活躍しますが、さまざまな利害がぶつかり合う現実の国際社会のなかでは、理想的な正義や平和はなかなか実現しないことを実感する。オランダ政府との対立も経験するなかで粘り強く平和研究を進め、半歩ずつでも国際社会を改善していく努力を重ねた。東京裁判を経験し、そこで戦争と平和、法と政治の問題を深く考えたことが、彼にそういう生き方を選ばせたのです。

レーリンクには『東京裁判とその後』という東京裁判を語った著作がありますが、そこでの彼の議論は「煮え切らなさ」「まどろっこしさ」を感じさせるものが多い。それは彼が優柔不断な人間だからではありません。現実の国際社会が単純明快に回答を出せるものではないからです。

たしかに、欧米の偽善を突くパルの議論は日本人としては胸がすくような気持ちのいいものではある。けれども、一千万以上の人々を殺戮《さつりく》した日本がその事実を棚上げにして欧米の偽善を批判しても、それは自らの罪を免れるための議論と受け取られてしまう。一方にとっての正論が、他方にとっては受け入れがたい要求になる。そういうなかで、正義と平和を実現するのは、象が針の穴を通るほど困難なものです。そうした現実を目の当《ま》たりにするにつけ、レーリンクの生き方はいろいろな意味で示唆に富んでいる。わたしにはそう思えます。

東京裁判はないほうがよかったのか

江川　日本の行為は裁かれましたが、連合国軍の行為はまったく問題にされませんでした。

このような裁判は、公平公正なものといえるでしょうか。

大沼　東京裁判は、「文明の裁き」という建前でおこなわれました。たしかに南京事件は非文明的な行為といえるでしょう。ただ、「文明の裁き」というのであれば、広島、長崎への原爆投下はどうか。あるいは一九四五年三月十日の東京大空襲など各地でおこなわれた空襲は非文明的な行為ではないのか。「文明の裁き」というのであれば裁かれて当然のそうした行為が裁かれていない。そういう意味で東京裁判は勝者の裁きであり、不公正な裁判だった。これは否定できない。

ただ、「人間」というものを考えた場合、そうした公正さがそもそも可能だったのか。戦後七十年、八十年も経ってしまうと、戦争の被害についてわたしたちは、戦争で殺された膨大な数の人々の遺族、その周りの人々がどれほど嘆き悲しみ、怒り狂っていたか、なかなか実感をもって想像できなくなっています。

それでもなお一九四五年当時に思いをはせてみると、戦勝国側の国民感情は峻烈《しゅんれつ》でした。ソ連は二千万人以上、中国もおそらく一千万人以上の国民が殺されていたし、比較的犠牲が少なかった米国でさえ三十万人以上の死者が出ている。そうした犠牲に対する憤りが圧倒的ななかで、平和な時代にわたしたちが考えるような、完全に公平な裁判ができただろうか。戦勝国の違法行為も敗戦国の違法行為も公平に裁くべきだというのはそのとおり。そのとおりだけど、それが人間の業《わざ》として可能かといわれたら、ほんとうに残念ですが、それはやはりできなかっただろうと思わざるを得ない。

それなら、東京裁判はやらないほうがよかったのか。実は連合国内にもそういう議論はあったのです。連合国にとって選択肢は、①日本とドイツの侵略戦争の指導者の責任追及をしない、②彼らを裁判なしで即決処刑する、③国際裁判を行う、の三つです。そのなかで、今お話しした連合国側の膨大な犠牲者数からすれば、日本とドイツの責任者の罪を問わないという選択肢が連合国の指導者にとってあり得なかっただろうことは理解できます。仮にドイツと日本が勝っていたら、日独はローズベルトやチャーチルを処刑しなかっただろうか。そうは思えない。

では、即決処刑のほうがよかったのか。即決処刑なら東条やゲーリンク（ドイツの国家元帥でナチス・ドイツのナンバー2）など、主要な責任者を逮捕して銃殺するだけですから、面倒な立証手続きも証拠もいらない。戦勝国の露骨な力の行使ですから、公正であるべき裁判と違って、「偽善」といわれることもない。

しかし、人類は東京裁判やニュルンベルク裁判があったからこそ、南京虐殺やホロコーストの事実を詳細な証拠をもって知ることができたわけです。即決処刑ではそうした証拠は出てこない。そうなれば、六百万人のユダヤ人虐殺はなかったとか、南京虐殺もなかったという類の主張は今よりもずっと強くなされている可能性が高い。そういう世界のほうがよいのか。

なによりも、即決処刑は連合国側の強烈な報復感情をそのまま勝者の力で実現するものです。まさに野蛮そのものでしょう。そのほうがよかったのか。

そう考えると、いろいろな欠点はあるにせよ、「より害悪の程度がすくない悪（英語では'lesser evil'といいます）」として、両裁判はやはりやるべきだったといえるのではないか。人間がやってきたことの欠点を明らかにすることは大事です。それによってわれわれは進歩することができる。ただ、欠点があるからといってすべてを否定すべきではない。人間は理想どおりには生きられないわけですから、欠点も呑み込んで生きていくほかない。こうした考えは、世界中の多くの国際法学者や歴史家が認めるところですし、一般の方々もそう考えるのではないでしょうか。

わたしたち人間は、そう賢くないから、歴史から学ぶことがなかなかできない。米国などは、ベトナム戦争であれだけ痛い目に遭っているはずなのに、そこから十分学ばず、二十一世紀になってからもイラク戦争を始めてしまった。

それでもすこしずつ知恵は蓄積されている。ベトナム戦争のときには、米軍が無抵抗の女性や子供らを虐殺したソンミ事件を、ニュルンベルク原則にもとづいて批判する声が、米国内から出てきました。イラク戦争についても、アブグレイブ刑務所での大規模な捕虜虐待など、米軍の違法行為を批判する声が高まり、関与した軍人らは一定程度軍法会議で有罪となりました。

国際社会というのは困った社会で、そこでは、われわれが望むような完全な正義はとうてい実現されない。しかし、だからといって事態がまったく変わっていないわけではない。一歩一歩事例を積み上げていくしかないのです。

東京裁判とニュルンベルク裁判は、米国やソ連（ロシア）や中国などの乱暴な行動を批判し、是正せよとわたしたちが要求する根拠となり得るし、実際なってきた。東京裁判での判断基準をもってすれば、広島や長崎への原爆投下やソ連の日ソ中立条約違反はどうなのか。あるいはこの裁判のあとにあった米国のベトナム戦争やソ連のアフガン侵略（一九七九年）は非難されるべきではないのか。両裁判は、このように世界の人々が国家の違法な行為を批判する根拠になってきた。国際社会の現実を考えれば、完全な正義が即実現できないにしても、声を上げ続けることによって、すこしずつ変わっていく可能性はある。東京裁判やニュルンベルク裁判は、そういう歴史的な先例なのです。

実際に、この二つの裁判が先例となって、またその欠点を是正する形で、第二次大戦後の国際刑事法は一定の発展を遂げてきました。戦争をおこなうことは、国際法上違法であるだけでなく、その違法な戦争を指導した者の個人としての刑事責任も追及される。戦争だけでなく、ホロコーストのような絶滅を目的とした大量殺人などを「人道に対する（犯）罪」として裁く。これは国際刑事法として確立し、旧ユーゴの内戦（一九九一〜九五年）やルワンダにおける虐殺（一九九四年）が国際戦犯法廷で裁かれました。その後、常設の国際刑事裁判所が設置されて、独裁政権による虐殺行為などが裁かれています。

そこでも、すべての違法行為、残虐行為の指導者が裁かれているわけではなく、選択的で不公平という批判がある。うんざりするような、遅々たる歩みですよね。でも、それが人間の業というものではないですか。人間の不完全さを考えれば、そうした努力を積み上げていくほかない。それを否定することは人間であることを否定することになる。わたしにはそう思えます。

戦争責任は果たされたのか

江川　東京裁判によって、日本の戦争責任は果たされた、といえるのでしょうか。

大沼　いえ、くり返しになりますが、ニュルンベルク裁判も東京裁判も、ドイツや日本という国家を裁いた裁判ではありません。あくまでも、ゲーリンクや東条といった指導者個々人の刑事責任を追及する場でした。そういう意味では、日本国民の総体である日本国としての戦争責任は、また別の問題として残っています。

もちろん、東条など二十五人の被告人は、日本国の指導者として裁かれたわけですから、そこで、日本の戦争責任に対する国際社会の判断が示されたことは否定できない。そして、第2章でお話しするように、日本は連合国の多くの国々と締結した一九五一年のサンフランシスコ条約で、この東京裁判を国際法上受け入れたのです。

けれども、三百万人以上の日本国民の犠牲者と一千万人以上の他の国々の犠牲者を生んだ、満洲事変から第二次大戦までの戦争の責任を償うということは、東京裁判で完全に果たされたわけではない。戦後の日本国民は、東京裁判を、一方では東条などの指導者が裁かれるのは当然だとして（消極的であるにせよ）受け入れ、他方で東京裁判は「勝者の裁き」だと批判してきた。それでは肝心の自分たちは戦争とその責任の問題をどう考えてきたのか。自分たち自身による責任の追及と償いの責任をどう果たしてきたのか。

これを考えることは、東京裁判を批判したり肯定したりすることより、実はもっと大切なことでしょう。この問題は第2章と第3章、さらに本書全体で考えることにしましょう。

第2章　サンフランシスコ平和条約と日韓・日中の「正常化」

——戦争と植民地支配の「後始末」

講和条約に署名する吉田茂首相（読売新聞社）

サンフランシスコ平和条約とは何か

江川　一九五一年九月に結ばれたサンフランシスコ平和条約で、日本は主権を回復するわけですが、一方で沖縄が米国の信託統治下（実際上は信託統治ではなく米国の施政権下）に置かれるなど、この条約はその後に課題も残しましたね。

大沼　五二年にサンフランシスコ条約が発効すると同時に、中ソなど一部を除く連合国との戦争状態は法的に終了し、日本の占領は終わって完全な主権国家として国際社会に復帰します。ただ、米国の施政権下に置かれた奄美《あまみ》諸島の本土復帰は一九五三年、小笠原諸島は六八年、そして沖縄は七二年になりました。

この条約で、日本は連合国の多くと戦争にかかわる諸問題、賠償や領土、戦争裁判の受諾などについて取り決めました。ただ、そこで未確定だった問題、解釈が分かれている問題もあります。北方領土や竹島など、領土をめぐる問題は今日に至るまで解決していません。一般に「歴史認識」がかかわっていると考えられている諸問題――東京裁判、戦争責任、慰安婦、靖国参拝、歴史教科書、領土問題等々――の多くは、このサンフランシスコ条約や、日韓・日中の国交を回復した日韓条約、日中共同声明などで「解決」した事柄や、その範囲の解釈などにかかわる問題です。

江川　サンフランシスコ講和会議に、ソ連は参加したものの条約には調印せず、中国、インド、それに韓国は会議自体に参加していません。これはどういう事情だったのですか。

大沼　ソ連は、日本との戦争は事実上約一週間ほどしかやっていないわけですから、基本的には講和も戦争責任者の裁判も、米国主導でおこなわれるのはやむを得ないという態度でした。当時のソ連の指導者だったスターリンは現実主義者ですから。けれども、戦後米ソの冷戦が次第に深刻化していったために、米国主導の色彩が強く、ソ連が強く主張した中華人民共和国の参加も拒否された対日講和に、最終的には参加しなかったわけです。

中国については、米国は一九四九年に国共内戦に敗れて台湾に逃れた国民党政権の中華民国を承認していました。一方イギリスは、中国本土を支配した中華人民共和国を承認していた。対日講和の中心となる米英二国間で明確な対立があったため、両方とも講和に参加させないことにしました。他方、日本と台湾は米国の強い圧力の下に、サンフランシスコ条約が効力を発生した日に日華平和条約を結びました。この条約は、日本と中華民国は第三条で両者とその国民（中華民国については「住民」）の財産と請求権の処理は将来の「特別取極《とりきめ》」に委ねる一方、条約の議定書で「中華民国は、日本国民に対する寛厚と善意の表徴として、サン・フランシスコ条約に基き日本国が提供すべき役務《えきむ》の利益を自発的に放棄する」として、日本による役務賠償の放棄を明確にしています。

一九四八年に独立していた韓国と北朝鮮がサンフランシスコ条約に参加しなかったのは、法理論的には日本と戦争状態にあった連合国との平和条約だから、と説明されます。韓国も北朝鮮も戦時中は日本の一部として連合国と戦ったのだから、連合国と日本が戦った戦争の講和に連合国として参加する資格はない、というわけです。

ただ、一口に「植民地」といってもさまざまなケースがあり、歴史上植民地でありながら講和に参加した例はあります。事実、韓国はサンフランシスコ講和会議への参加を強く主張し、米国内にも参加を認めるべきだという意見がありました。しかし、日本が強く抵抗しましたし、英国も韓国の参加には反対だった。英国は当時まだ多くの植民地をもつ植民地帝国でしたから、韓国のように植民地だった国が講和に参加して国際的な存在感を示すのは、自国の植民地住民への影響を考えると好ましくなかった。米国も英国の言い分を呑んで、韓国を入れなかった。北朝鮮はソ連陣営ですし、米国からすればそもそも「国家」ではないということで、入っていない。

インドは、日本に対して非常に寛大な講和を主張していました。最終的にサンフランシスコ条約は寛大な内容の講和になったので、その点では参加はできたかもしれない。ただ、日本が占領下で主権を制限されたなかで日米安全保障条約を結び、沖縄、小笠原諸島の米国による統治が続いていることなどを嫌って参加しませんでした。一九五一年の時点ではすでに米ソ冷戦が激化しており、サンフランシスコ条約に参加することは米国陣営に肩入れするという政治的意味をもつに至ってしまったので、非同盟運動の盟主としてふるまっていたインドとしては、一方の陣営に入るという形を避けたかったのでしょうね。インドはサンフランシスコ条約締結九カ月後には日本と平和条約を結び、賠償請求権を放棄し、インドにある日本側の財産を返還するなど、きわめて寛大な対応をしています。

寛大だった連合国との講和

江川　一部には、サンフランシスコ平和条約で戦後の日本に課せられた賠償を「苛酷」といっている人たちがいます。たとえば衆議院議員の稲田《いなだ》朋美《ともみ》さんは、日本が「たいへん過酷《ママ》な賠償条件を受け入れ、それを誠実に履行」した（稲田『私は日本を守りたい』）と書いています。日本に課せられた賠償は、苛酷なものだったのでしょうか。

大沼　これは、二〇〇一年十月十一日の東京高裁の判決に、日本が「前例のない、苛酷ともいえる条件を受け入れ」という表現でサンフランシスコ条約を表しているのを引いているのですが、わたしは稲田さんの本とそれに引かれた判決文を読んで、非常に驚きました。稲田さんは弁護士資格をもつ優秀な政治家ですし、東京高裁は全国の裁判所のなかでも優れた裁判官がいるところとされています。そうした人たちが、学問的にはおよそあり得ないこうした見解を堂々と書いているとは……。驚きを通りこして、ショックを受けました。

戦争と講和の法と歴史をきっちりと研究した者であれば、日本だけでなく、世界のほとんどの歴史学者、国際法学者が、第二次大戦後の敗戦国に対しては、前例のない寛大な講和がなされたと評価していると思います。

たしかに日本（国民）の在外資産は連合国などに没収され、満洲や朝鮮半島、東南アジア等の在外居留者だった日本国民は塗炭の苦しみを味わった。しかし、日本に侵略され、占領された中国やフィリピンなどの諸国民からみれば、それらの大日本帝国国民は侵略者の一員だったわけです。そうした「攻めて来られた」国々の人々は、何の罪もないのに、全体として日本国民よりもはるかに大きな被害を受けたのです。こうした歴史的背景もあって、対日講和について主導権を握っていた米国政府内でも、当初はかなり苛酷な講和条約案が検討されていました。モーゲンソー財務長官などを中心に、日本の再軍国主義化を防ぐため軍事能力を徹底的に剝奪し、将来二度と軍事的な脅威とならないよう経済活動も最低水準に抑え、日本を徹底的に無力化する案があったのです。

けれども、そうした「苛酷な講和」路線は、米国内でも連合国全体としても最終的には退けられました。

第一に、第一次大戦後のベルサイユ講和における対独賠償請求があまりにも苛酷であったために、ドイツはとうてい完済できず、勝者の側の英仏も結局巨額の賠償を得ることができなかった。加えて、「苛酷」「不正」なベルサイユ条約へのドイツ国民の強い反撥を招き、それを利用してナチスが擡頭《たいとう》する素地をつくりだしてしまった。この反省と教訓を、米国をはじめとする連合国の指導者は強く意識していた。第一次大戦後の講和の失敗はくり返さない、という考えが非常に強かったのです。

第二に、一九四五年の日本の敗戦から五一年のサンフランシスコ講和までの間に、米ソの冷戦が世界規模に広がり、激化します。アジアでも、中国の国共内戦で中国共産党が勝利して中華人民共和国を建国し、ソ連と軍事的・経済的に手を結びました。朝鮮半島では、親米政権による韓国とソ連が後ろ盾になっている北朝鮮がそれぞれ建国を宣言し、一九五〇年には朝鮮戦争が始まります。こういう状況のなかで、米国は日本をアジアにおける重要な同盟国として確保すべきだと強く考えるようになった。そうである以上、日本を無力化させるのはまったく不合理ですから、苛酷な賠償を課す路線は完全に放棄されたわけです。

これに対して、フィリピンやオーストラリアなどのように、戦争中に大きな被害を受け、日本の軍国主義の再来を恐れる国々は、寛大な講和路線に強く抵抗します。英国、オランダ、オーストラリアなどには、日本軍による捕虜虐待への反撥が強く残っていた（これは講和後も長く残ります）。フィリピンでは百万人以上の国民が日本の侵略戦争の犠牲になったといわれており、寛大な講和に対する抵抗はきわめて強かった。こうした国々を説得するのに米国は苦労したのですが、それでもサンフランシスコ条約では、米国の路線が貫徹された。条約は第十四条（a）で日本の連合国への賠償義務を一応承認しますが、同条は日本の賠償能力が十分でないことを認め、連合国が希望する場合におこなわれるべき賠償の形を役務、すなわち労働力やサービスの提供に限ることを明確にしました。実際には、ほとんどの連合国は同条（b）に従って賠償請求権を放棄し、日本も連合国とその国民に対する請求権を放棄する（第十九条〔a〕）ことで賠償問題は解決されたのです。

賠償請求権を放棄しなかったごく一部の東南アジア諸国との間にも、一九五〇年代に賠償協定が結ばれる。台湾に逃れていた国民党政権の中華民国は、日本と一九五二年に日華平和条約を結んで、財産・請求権の問題は「特別取極」で解決することにしましたが、一九七二年の日中国交正常化により日本は日華平和条約を終了させたため、結局台湾との関係では問題が解決されない状態で残ってしまった。

ソ連と中華人民共和国については、ソ連は日ソ共同宣言（一九五六年）、中国も日中共同声明（一九七二年）で、賠償請求権（中国の場合は「戦争賠償の請求」）を放棄しました。あとで詳しく話しますが、賠償についていえば、日本が一九三一年から四五年まで中国本土で戦い、甚大な被害を与えた中国が賠償を放棄したことは決定的な意味をもっています。日本軍に殺された中国国民は一千万人以上ともいわれ、そのほかにも家を焼かれ、レイプされ、負傷した無数の人々がいる。中国との国交回復の交渉にあたった日本の関係者は、中国がまともに戦争賠償を請求してきたら日本の経済は破綻してしまうという認識をもっていました。それだけ巨額の賠償を放棄してもらったのですから、これ以上寛大な講和はなかった。

こうした日本の講和を「苛酷」というとしたら、第三者からみれば「何をいっているのですか？」という話になってしまう。人類史における講和の歴史は、第二次大戦後の講和に比べてはるかに苛酷なものです。同じ第二次大戦の敗者だったドイツが甘受しなければならなかった措置にしてもそうです。戦前ドイツ領だった東部地域を失い、そこに住んでいた約一千二百万人のドイツ人は追放され、このときに約二百万人が命を落としています。この東部領土を取り戻すのはドイツにとって戦後一貫した悲願でしたが、最終的にはそれも断念せざるを得なかった。

このように日独で異なる結果になった背景として、日本の場合は広島、長崎への原爆投下という、連合国の側にとって公にはいわないけれど内心は多少負い目となるものがあったのに対して、ドイツの場合は、ホロコーストという絶対的な悪があったことが影響したともいわれる。また、ドイツの場合、東からはソ連を中心とする連合国軍、西からは米英仏中心の連合国軍が進撃して、東西を占領した。そのため、戦後一九九〇年まで同一民族が東独、西独という分裂国家として敵対しあうことになった。このように、ドイツが払わなければならなかった犠牲は、日本に比べてはるかに大きかった。

日本の講和は苛酷なものだったという主張は、国際社会でまったく通用しない議論です。むしろ、米国や中国が日本の戦争責任についてきわめて寛大な態度をとってきたこと——中国政府は、日本の対中侵略は一部の軍国主義者の責任であって、日本国民は中国国民と同じく被害者だ、という言い方をしてきました——が、日本の侵略という厳然たる事実を日本国民の意識から薄れさせて、わたしたち日本国民をいわば「甘やかす」結果をもたらしてしまった。第三者からみればそういう関係にある。そのことを日本国民は意識しなければならないのではないか。きつい言い方かもしれませんが、わたしはそう思います。

江川　サンフランシスコ条約で、日本に対する賠償請求を役務に限るとしたのは、どうしてですか。

大沼　本来なら賠償はお金で払うものです。広い意味での賠償には原状回復も含まれ、これは戦争で相手に損害を与える前の状態に復帰させるものです。けれども、ほとんどの場合それはできない。人は殺してしまっているし、物は壊してしまっている。そうすると、お金で賠償するしかない。

ところが、敗戦直後の日本は総力戦で疲弊しきっていて、お金はまったくない。それどころか、占領国の中核だった米国から食糧を含む援助を受けてようやく息を継いでいる状態です。そこで、日本人はとにかく働いて過剰なくらい物をつくり、それを無償で賠償請求国に提供する形で賠償を払うことにしたわけです。

これについて、吉田茂首相など当時の日本の指導者は、これは賠償ではあるが、日本が経済的に再び繁栄するために必要な投資であり、必要経費のようなものだ、といっていました。つまり、日本でつくったものを送ることで、それが販路の開拓になる。役務賠償だから最初はお金を受け取れないが、現地に日本製品の修理や整備の工場がつくられ、部品の販路や関連会社ができ、大小さまざまなネットワークが相手国のなかにでき上がる。そうやって、その後日本が輸出で稼ぐ貿易のインフラストラクチャーを、日本は賠償という形でつくり上げたわけです。

賠償と東南アジアへの経済進出

江川　賠償請求権を放棄しなかった東南アジア諸国との交渉は、スムーズに進んだのですか。

大沼　サンフランシスコ条約で多くの連合国との講和が成立した一九五一年当時、日本はまだ非常に貧しかった。戦争で日本軍によってさまざまな被害を受けた東南アジア諸国——具体的にはフィリピン、インドネシア、ビルマ、ベトナムといった国々——は、日本よりもっと貧しかった。いわば貧しい者同士の交渉だったわけです。

そのなかでもフィリピンは激戦地で、日本軍による被害は甚大でした。市民の死者も多くて、中国に次ぐ犠牲者を出しています。このため、約八十億ドルという巨額の賠償を要求したといわれています。日本はとても払えないということで、外交交渉で値切りに値切って、最終的には五億五千万ドル（当時の為替レートで約二千億円）で妥結しました。

当時、東南アジア諸国はきわめて貧しかったので、のどから手が出るほど賠償が欲しかった。ただ、日本から強制的に賠償を取りたてることはできないし、賠償交渉をいつまでも続けるわけにもいかない。ある程度の額で妥結せざるを得なかった。さらに、日本もまだ貧しかったので一回では払えないということで、分割払いになりました。

ところが日本はその後高度成長期に入ります。一九五〇年代の賠償交渉のとき、日本の大蔵官僚の目には「そんな金はとても払えない」とみえた金額も、結果的には問題なく支払うことができた。そして、当時の政治・経済の指導者が予測したとおり、賠償は日本と東南アジア諸国の経済的結びつきを強化する手がかりになった。戦後の日本は東南アジア諸国への賠償と、準賠償と呼ばれる、被害補償的な意味をもつ「経済協力」を通して徐々にこれらの国々との貿易と投資を増大させ、それを重要な柱として、経済大国として復活するわけです。

このように、東南アジアとの関係においても、決して苛酷な賠償ではありませんでした。ただ、戦後日本の驚異的な高度経済成長は、朝鮮戦争、ベトナム戦争による特需という要素があったとはいえ、基本的には当時の日本国民が死にもの狂いで働き、努力を重ねた結果もたらされたものです。そうした先人たちの努力を、わたしたち戦後の世代は忘れてはならない。それは幾重にも強調したいところです。

日本は東南アジアを「解放」したのか

江川　ほとんどの東南アジアの国々は、戦前は欧米の植民地とされていました。日本は、そうした国々を解放しようとしたのであって、戦後はそうした国の人たちは日本に感謝しているはずだ、と主張する人もいます。実際のところ、どうなのでしょうか。

大沼　わたしもそうであったらいいなあ、とは思います。しかし残念ながら、東南アジアの人の多くは、そういう「歴史認識」をもっていません。

たとえばフィリピン。フィリピンは当時米国の植民地でしたから、台湾人や朝鮮人が日本の一員として戦ったのと同じように、フィリピン人も米国の一員として日本と戦いました。植民地支配下にあった朝鮮、台湾、フィリピンの人々の戦争への参加・協力は、当然民族的な日本人やアメリカ本土の米国人とは違うものだったでしょう。それでは、フィリピン人は米国の植民地支配から脱却するため日本と一緒に米国と戦ったのか。日本は、そういうフィリピン人と協力してフィリピンで米国と戦い、彼（女）らを米国の植民地支配から解放したのか。ごく一部のフィリピン人は自分たちの独立に日本の力を利用しようとしたけれど、大多数のフィリピン人はそうではなかった。

米国は戦前、フィリピンが独立することを前提にコモンウェルスという体制にして、内政上一定の自治を認めていました。そこに攻めて行った日本は、フィリピン人からすれば、米国の植民地支配に対する抵抗の協力者ではなく、多くの同胞を殺し、傷つけ、家を焼き、レイプした侵略者だったのです。日本軍の米軍捕虜虐待として有名なバタアン死の行進では、実はフィリピン人の犠牲者のほうが米国人より多い。マッカーサーがオーストラリアに逃げてフィリピンが日本の占領下に入った時期には、日本軍はフィリピン人の抗日ゲリラに悩まされています。こうした事実は日本人にあまり知られていないし、あまり認めたくないことかもしれませんが、歴史の事実から目をそむけてはならない。

日本がアジアを西洋の植民地支配から解放したと主張する人がよく例に挙げるのが、インドネシアです。たしかに、インドネシアのなかにはオランダからの独立のために日本の力を利用しようという勢力がかなりありました。日本軍のなかにも、戦後インドネシアに残って独立戦争に協力した人たちがいます。では、多くのインドネシア人がそういう意識で日本をみていたのか。残念ですが、そうではなかった。

わたしがはじめてインドネシアに行ったのは一九八四年ですが、当時すでにインドネシアは親日的な国でした。でも、ジャカルタにある独立記念塔の歴史博物館に行って、衝撃を受けました。そこは独立の過程をジオラマで示しています。ポルトガルの植民地となり、その後オランダに支配され、日本の占領期があって戦後の独立、という順序です。オランダの統治時代のジオラマには、もちろん植民地支配の負の側面も出ているのですが、教会などで子供への教育を施した場面などプラス面も描かれていました。ところが日本の占領期のジオラマには、インドネシア人が労務者として働かされ、それを酷薄な目つきで日本軍の兵士が監視している場面だけ。そのジオラマがひとつ展示されているだけでした。

もし、インドネシアの人々がほんとうに、日本が独立戦争に協力してオランダの植民地支配から独立するのを助けてくれたと思っているのなら、こういう展示にはしないでしょう。たしかに日本軍のなかには独立に協力した人もいたでしょうが、それはごく一部であって、日本の占領全体としては、インドネシア人を「南洋の土人」視する支配だった。インドネシアの人はそう受け取ったからこそ、博物館にそういうジオラマをつくったわけでしょう。

日本がアジア諸国を白人支配から解放してくれた、感謝している、そういうことばがインドネシアの独立戦争に参加した少数の日本人や、インドネシアの経済的発展に懸命に協力した一部の日本人に向けられたことがあったのかもしれない。

しかし、それがインドネシア人一般の日本への気持ちだというのは、日本側の思い上がりというものでしょう。正しい歴史認識とは、インドネシア人がそう考えているはずだという思い込みではありません。インドネシア人であれ誰であれ、相手の立場に立って、日本がどうみられているのかを冷静に考え、自分にとってつらいことでも受け入れる。それが歴史を認識するということでしょう。

　歴史学の研究書をひもといてみると、当時の日本がインドネシアまで行った第一の目的は、石油の確保だったことがわかります。一九四一年八月、米国が石油の対日全面禁輸を決め、石油の確保は日本にとって死活問題でした。一九四三年、戦争が不利に展開するようになると、「大東亜共栄圏」という大義名分を掲げるようになりましたが、それでは日本は、自身が支配していた朝鮮や台湾を放棄して、中国から撤兵して平等なアジアの国々との関係を打ち立てようとしたのか。残念ながらそうではありませんでした。戦況が悪化していくなか、日本はアジア諸国の支持を集めるために大東亜共栄圏というイデオロギーをもち出したのです。そういう負の歴史は、なにも日本に限らない。多かれ少なかれ、どの国ももっているのです。ただ、それに正面から向かい合うことができるかどうか。それこそが、民族・国民としての矜持《きょうじ》の問題ではないでしょうか。

　今日、インドネシアの人たちはとても親日的です。インドネシアに限らず、東南アジアで日本は一般に高い評価を受けている。それは戦後の日本が過った戦争を深く反省して平和主義を徹底し、戦争の廃墟から懸命に努力して経済的繁栄と平和で安定した安心な社会をつくり上げ、さらに、東南アジア諸国をはじめとする途上国の人々に対して熱心に経済協力や技術協力をおこなってきたからです。だから評価が高いのであって、大東亜戦争を解放戦争として戦ったから日本の評価が高いわけではまったくありません。そこを混同してはなりません。

日韓の国交正常化

江川　東南アジア諸国とは賠償協定が一九五〇年代に結ばれましたが、韓国との間に日韓基本条約と「財産及び請求権に関する協定」（日韓請求権協定）が結ばれたのは、一九六五年になってからでした。日韓の間にはどういう争点があり、どのように決着させていったのでしょうか。

大沼　一九四五年の日本の敗戦とともに朝鮮民族は日本の植民地支配から離れ、四八年には大韓民国と朝鮮民主主義人民共和国という二つの国家として独立しましたが、両国とも日本とは国交関係がありませんでした。日本も韓国も、国交正常化をしなければならないという総論では一致しており、国交正常化交渉は一九五一年から延々十四年もおこなわれていたのです。

ただ、両国とも国内に強い反対意見を抱えていました。とくに韓国では、一九五〇〜六〇年代は日本の植民地支配の記憶も生々しく、六五年当時の朴正熙《パクチョンヒ》軍事独裁政権に対する国内の批判も強かった。朴正熙は民族主義者ではあったけれど、それ以上に強固な反共主義者でした。そのため、韓日米の協力関係を強化し、日本から資金を導入して貧しい韓国を経済的に発展させ、北朝鮮の脅威に備えるという気持ちが非常に強かったのです。

一方の日本は、当時は社会党と「進歩的文化人」といわれる人たちの勢力がかなり強く、日韓条約は日米韓の軍事同盟、反共同盟の強化であるという批判がありました。韓国の独裁政権に経済的にテコ入れするのか、人権弾圧に加担するのかという批判もありました。ただ、こうした批判は、一九五一年のサンフランシスコ平和条約と日米安保条約、一九六〇年の日米安保条約改定への批判の延長でしたが、日本全体を揺るがすほどの問題にはならなかった。

両国間の大きな争点は二つ。ひとつは、植民地支配をどう考えるか。国交正常化の文書でそれをどう表現するか、あるいはしないで済ませるかは、大きな問題でした。

もうひとつは、韓国（民）への賠償ないし補償、日本政府にとっては韓国への経済協力をどれだけの額にするか。韓国政府にとっては、国内の強い反対を押し切って日本と国交正常化するからには、植民地支配に対する巨額の賠償ないし補償を日本から獲得しなければならず、日本の側からすれば、韓国とは戦争をしたわけではないので（戦争）賠償はあり得ない、韓国側の反日世論をなだめるための経済協力はおこなうが、これをいかに値切って少ない額で決着させるか、という問題でした。

第3章でお話しするように、当時の日本では、アジアの国々に対する戦争責任、まして植民地支配責任という意識はきわめて稀薄でした。それは別に自民党や「右派」や財界だけではありません。社会党や「進歩的文化人」や「左派」の人々も含め、一部の例外は別として、とくに植民地支配に対する意識は薄かったのです。そうした意識が一般化してくるのは、一九七二年の日中国交正常化、さらに八〇年代以降の展開を待たなければならなかったのです。

日本政府としては、植民地支配をしたといっても、日本人がもっていた朝鮮半島の資産は連合国によって放棄させられたし、日本の支配は韓国の近代化に役立ったはずだ、そこで責任を認めろ、補償しろといわれても困るという考えで、当初は植民地支配に対する賠償を求める韓国側とまったく議論がかみ合わなかった。そういう状況ですから、日本の植民地支配をめぐって韓国の国民感情を逆なでするような発言が日本の側から出て、韓国側が激昂することもしばしばありました。また、韓国国内では、日韓正常化は日本に対する従属的な姿勢さらに米国との軍事同盟体制を恒久化して、北朝鮮との民族統一を阻害するという批判も強かった。

しかし、反共と経済発展のために日本との国交正常化が不可欠と考える朴大統領は、国内の反対を強権的に弾圧してこれを抑え込みました。米国も、日韓が国交正常化して日米韓の反共体制が強化されることを期待して両国に強い圧力をかけました。日本は、一九六五年当時は高度成長でかなり経済的に余裕ができていて――それでも大蔵省は猛烈に反対しましたが――、有償無償合わせて五億ドルの経済協力ということで日韓交渉は妥結しました。そういったわけで、日韓基本条約には、植民地支配への反省といった文言は一切含まれなかったのです。

韓国にとって日本の植民地支配は「プラス」だったのか

江川　日本では、今でも、朝鮮半島の植民地支配は当時は違法でも何でもなかったんだし、日本がインフラ整備をやって韓国にとってもプラスになったじゃないかとか、日本が支配しなければロシアが攻めてきたはずで、どうせあの時代に韓国は自分たちだけでは独立を守れなかったはずだとかいった言い方がされます。こうした主張をどう考えたらいいでしょうか。

大沼　これは、いくつかに分けて議論したほうがいいと思います。ひとつは、一九一〇年から四五年までの日本の朝鮮植民地支配が国際社会において国際法上合法だったか違法だったかという問題です。第二は、三十五年間の植民地支配の間に、日本が韓国の近代化のうえでどういう貢献をし、どういう被害を与えたかという問題。三番目に、韓国は日本に植民地化されなくてもロシアに植民地化されただろうから、何も日本が謝らなくてもいいんじゃないか、という問題です。

一九一〇年当時は欧米列強の帝国主義と植民地主義の時代であって、米国も英仏もオランダもベルギーも植民地支配をおこなっていて、それは国際法上違法ではなかった。それはそのとおりです。ただ、当時の国際法上違法でなかったという法的な評価と、今日日本が国際社会で生きていくうえで、その評価をどのように考え、何を今後の行動の糧とすべきかという問題とは別の問題です。

たとえば、この時代は人種主義の時代でもあって、人種差別も国際法上違法ではありませんでした。でも、当時の日本人はそれを怒り、国際連盟規約に人種平等条項を入れるよう提案した。その提案はオーストラリアや英米の反対で実現しなかったけれど、当時の日本人の怒りは正当なものだったし、人種平等条項提案も正しい行動だったと思います。植民地支配が違法でなかったというのは、人種差別が違法でなかったのと同じことで、まっとうな人間が胸を張っていえること、いうべきことではないでしょう。

他の植民地支配国でも似たような事例はいくらでもあるでしょうが、日本の植民地支配下で、あるいは植民地にする過程で、朝鮮半島の人々にとって許しがたい重大な侵害、屈辱的な出来事が数多くあったことは否定できない事実です。たとえば、李氏朝鮮の王・高宗《コジョン》の妃である閔妃《ミンピ》を日本軍が殺害しました。朝鮮の人々にとっては「国母」を日本軍の手によって殺されたわけです。仮に日本の皇后が外国軍の手で殺害されたとしたら、日本国民はその外国に対してどう感じただろうか。そこを考えてみるべきでしょう。

また、とくに初期は武断統治といって、かなり強圧的な植民地支配をおこないました。朝鮮民族は長らく中国を中心とする東アジアの華夷《かい》秩序のなかにいて、日本より文化的に優れているという民族的誇りをもっていたのですが、その日本による威圧的な支配は人々に非常に強い屈辱感を覚えさせることになりました。

たとえば、皇民化政策といって、人々に日本語を使わせ、天皇崇拝を強要し、神社を建てて参拝を強制したり、創氏改名といって、名前を日本風に変えさせました。朝鮮文化では、子は父親の姓を継ぎ、結婚しても一生変わりません。父系血族集団を表す「姓」を、「家」の称号である「氏」に改めさせることは、朝鮮の人々にとっては自己のアイデンティティそのものの否定で、非常に強い屈辱感を与えました。

江川　日本風の名前への改名については、希望した者に許可してやったのだ、という人たちもいるようですが……。「創氏改名は、朝鮮人が名字をくれといったのだ」と発言した政治家もいます。

大沼　こうした主張は、先ほどのインドネシアでは日本はオランダからの独立に協力したので喜ばれているはずだ、という議論と同じ構造ですね。わたしは、歴史をどう認識・解釈するかは、「俗人」、つまり普通の人の多くがどう感じたか、という視点から考えるべきで、自分ができもしない英雄的行動や高い倫理水準の観点から考えるべきではないと、一貫していい続けているのですが、この問題についてもそうです。

自分たちを強権的に支配している人たちが日本式の名前にしろといっているとき、よほど勇気のある人でなければ、それに体を張って抵抗することはできるものではないでしょう。名前を変えなければ明らかに不利益があって、周囲が改名していくなかで、普通の人が抵抗するのは難しい。抵抗できる人は立派だけれど、現実の人間社会はみんなが立派な人というわけではありません。当然身の安全は確保したいし、出世欲もある。支配者の顔色をみて、表面上はにこにこして「日本の名前がいいですね」という人がいても不思議ではない。でも、そういう事実があったとしても、朝鮮民族全体が創氏改名政策を喜んで受け入れたかどうかは、別の問題です。

当時の日本人のなかには、朝鮮の人たちの利益になるようにという善意でそうした政策を進めた人はたしかにいるでしょう。それに呼応した朝鮮の人がいたことも否定できないでしょう。でも、朝鮮民族全体が創氏改名をどう受け止めていたのか。それは今日、歴史学上十分明らかにされている。仮に創氏改名を喜んで受け入れたのであるなら、なぜ独立回復後、韓国も北朝鮮もそれをやめてしまったのか。

日本が植民地支配に乗り出した時期は、日本自身を含めて多くの国々が近代化を進めている時代でした。朝鮮も、植民地化されるか否かにかかわらず、当然近代化に直面したでしょう。その時期に支配者となった日本が、初等教育を充実させたり、戦後北朝鮮になっている地域を中心に工場を建設して産業インフラを整備するなど、一定の近代化政策を進めたことは事実です。ただ当時の日本は、植民地帝国といっても、米国や西ヨーロッパ諸国に比べるとまだまだ自分自身が貧しく、近代化も遅れていた。そういう意味では「背伸びした」植民地帝国であり、身の丈に合わない支配にならざるを得なかった。

朝鮮は、儒教文化の浸透度が高く、本家の中国にもまして文人に対する尊敬の念が強い国です。戦後一時期の軍事政権は、朝鮮の長い歴史からすると例外的な時代です。そういう文化をもつ国で、大日本帝国という、軍人が権威・権力をもつ国の支配者が異民族統治をおこなったわけです。朝鮮の人々が抱いた違和感は強く、屈辱感も強烈なものでした。たとえば、「びんた」。当時の日本の軍人文化では、びんたは当たり前のものとしておこなわれていましたが、朝鮮人にすれば、これは非常に野蛮な行為に映ったようです。そういう文化的違和感が朝鮮では強く意識され、日本は野蛮であり残虐であるというイメージに結びついてしまったといわれています。

最後に、日本が何もしなくてもロシアが朝鮮半島を植民地化しただろう、という議論ですが、この理窟で日本の植民地支配を正当化するのは、あまりに破廉恥《はれんち》な開き直りではないでしょうか。こういう議論をする人は、日本の過去に負の側面があることを認めるのは「自虐史観」だといい、日本民族の誇りを強調するのですが、それではこうした議論を真面目に外国でできるかどうか、よく考えたほうがいい。こうした議論はおよそどの国でも、どの社会でもあきれられ、自らを辱《はずかし》めるものでしかないと思います。

国家の賠償放棄と個人補償

江川　日韓基本条約によって朝鮮が植民地だった時代の問題はすべて解決した、というのが日本政府の立場です。一方、韓国はそうではないとの立場で、慰安婦への賠償を求めており、強制徴用された元労働者が未払い賃金や慰謝料などの支払いを求めて韓国の裁判所へ提訴するケースもあります。こうした問題をどうみるべきでしょうか。

大沼　一九六五年に日韓基本条約が結ばれたとき、それに伴っていくつかの条約が結ばれました。そのひとつに日韓請求権協定と呼ばれるものがあります。内容は日韓両国・両国民の請求権と日本から韓国への経済協力に関する取り決めで、これは条約として二国間を法的に拘束するものです。両国は、政権が変わっても、国内裁判所が違憲・違法と判断しても、国家間の約束としてこれを守らなければならない。国内の事情で条約の締約国が一方的に変えてよいことにしたら、二百も国がある国際社会ではおよそ国際関係・秩序が成り立たないからです。

このなかに、「両締約国及びその国民（中略）の請求権に関する問題が（中略）完全かつ最終的に解決されたこととなることを確認する」（第二条）という条文があります。これまでの国際法の一般的解釈からすると、個々の国民の権利や利益にかかわるものも含めて、すべての問題が一切包括的に解決されたと解釈できます。それは日本政府がいっているだけでなく、韓国政府もかつてはそういう立場でしたし、米国の政府と裁判所も同じ解釈でした。

ですから、元慰安婦の女性たちが日本と米国の裁判所で日本を訴えた一連の裁判でも、日本と米国の裁判所は原告の請求を退ける判決を出しています。こうした解釈に対しては国際法学者の間に異論もあります。しかし、裁判所の判決としてそう不思議ではない、それなりの根拠をもつ解釈だったと思います。

ところが、二〇一一年に韓国の憲法裁判所が、元慰安婦への賠償請求について韓国政府が日本政府と十分交渉しないのは違憲であるという決定を下しました。さらに、日本の最高裁に当たる大法院は、二〇一二年に、戦時中に強制徴用された元労働者の日本企業に対する個人請求権は消滅していないとする判決を下しました。韓国政府は韓国の国内法上、司法府の判断に従わなければなりませんから、日本政府に再び交渉を求めることになりました。

これは、一九七〇年代頃、とくに八〇年代から欧米先進国を中心に「人権」の力が強くなってきて、世界的にも人権への考慮が、他の価値とそれにかかわる判断への考慮に優越して扱われるようになってきたことにかかわっています。欧州人権裁判所や中南米の米州人権裁判所などでは、過去の条約や法令で決まったことであっても、きわめて深刻な人権侵害があった場合は、それを重視して被害者救済をすべきだという判例が出てきている。それを支持する学説もかなり有力に主張されるようになっています。

一九九〇年代以降、フェミニズムの力が高まってきて、戦時下の女性への重大な人権侵害を「人道に対する（犯）罪」としてとらえるようになってきました。「人道に対する（犯）罪」はユダヤ人を大量虐殺したホロコーストにかかわった者を処罰するために考え出された概念ですが、それが女性に対する戦時下の深刻な人権侵害にまで拡大されてきたわけです。

二〇一〇年代の韓国の憲法裁判所と大法院の判断はそうした流れに沿ったものです。このことは、国際法の解釈上、また国際関係それ自体に対して非常に困難な問題を提起します。韓国政府や日本政府だけでなく、どの国の政府にとっても難しい問題です。というのは、このような流れが拡大していくと、そもそも国家間で条約を結んで問題を解決することの意義が揺らいでしまうからです。

たとえば、日本は北朝鮮とは、日本が植民地支配していた時代の朝鮮の人々の権利侵害や北朝鮮地域に住んでいた日本人の権利の問題を解決していませんから、将来日韓請求権協定と同じような条約を結ばなければならない。しかし、条約を結んだあとでその権利侵害にかかわる個人から請求がなされ、それが裁判所で認められると、そもそも条約を結ぶことにはどういう意味があるのか、ということになりかねません。このように「人権の主流化」は、あらゆる国々が条約や法令で過去の問題を解決するうえで重大な問題を提起していることになります。

日中国交正常化と中国の賠償放棄

江川　中国との国交正常化は一九七二年九月になされたわけですが、このときに戦時賠償や「歴史認識」の問題はどのように話し合われたのでしょうか。

大沼　当時、日本は経済的にかなり豊かな国になっていました。とはいえ、日本が一九三一年から四五年の戦争で中国に与えた被害はあまりに甚大で、まともに賠償を要求されたら天文学的な数字になるだろう、それでは日本経済はとても立ちゆかなくなる、と日本政府は危惧《きぐ》していました。賠償を請求されるのであれば国交正常化は断念せざるを得ないと考えていた、ともいわれています。

ところが、中国は戦時賠償を要求しなかった。しかも、中国は日本との国交正常化交渉のわりと早い時期にこの方針をはっきりさせました。田中角栄首相の訪中前（七二年七月）に中国を訪問して周恩来《しゅうおんらい》首相と面談した公明党の竹入義勝《たけいりよしかつ》委員長は、周恩来が「毛主席は賠償請求権を放棄するといっています」「当然のことです。二十数年来の両国人民の友好によって、国交が実現するのですから、私たちは、これから次の世代を考えなくてはなりません」というのを聞いたとき、「周首相の言葉がジーンときた」と語っています（石井ほか編『記録と考証　日中国交正常化・日中平和友好条約締結交渉』）。

この方針には、中国国内に当然強い不満がありました。しかし、当時の中国では共産党主席の毛沢東と首相だった周恩来のカリスマ性は圧倒的でした。また、彼らが決断してしまえば、人々は今のようにネット上で不満をつぶやくこともできず、従うしかないという徹底した共産党独裁の体制だった。さらに、周恩来は各地で集会を開いて人々に党の方針を学習教育させて、民衆から不満が起きるのを抑える努力を払いました。指導部は、日本軍によって人々が受けた苦しみや恨みの感情を配慮しながら、「この歴史は忘れてはならない。しかし、われわれは感情で政策を決めてはならない」という指示を出して人々を説得し、不満を抑え込んだといわれています（NHK取材班『周恩来の決断』）。

中国共産党の立場は、日本の人民も中国の人民と同じく日本の軍国主義者の犠牲者であって、賠償を請求すれば同じ被害者である日本人民に払わせることになる、というものでした。日本による侵略の責任は一握りの軍国主義指導者にあって、日本の人民にはない、というわけです。この立場はその後ずっと一貫していて、日本の首相の靖国神社参拝に中国政府が神経を尖《とが》らせるのも、このためです。

日本側からみれば、靖国神社には多くの将兵が祀られているのであって、A級戦犯はそのごく一部に過ぎないかもしれない。しかし中国の指導部からみると、中国はそのA級戦犯に戦争責任を集中させることで、国内の巨大な不満を抑え込み、日本に対してこれ以上ないほどの寛大な態度をとった。日本の首相が靖国神社に参拝することを認めるのは、まさにその一握りの軍国主義者を認めることにつながり、自分たちの説明の根底が切り崩されるに等しい。一体何のために苦労して中国国民をなだめてきたのか、とても認められない、ということになるわけです。

国交正常化の際、中国がこのような判断をしたのは何が決定的だったのか、まだわからない部分もあるのですが、日本の研究者の多くは、当時の中国とソ連との対立を最大の理由に挙げています。一九六〇年代から表面化した中ソの対立は次第に決定的となり、中国は軍事衝突の可能性を真剣に考えていた。その対立を背景に米中が接近して、一九七二年二月にはニクソン大統領が訪中して米中和解が実現した。この年の九月に日本の田中角栄首相と大平正芳外相が訪中し、交渉の末に日中共同声明にこぎつけました。中国は米国、日本との関係改善によって自国の安全保障を高めるのが最大の関心事だったので、日中国交正常化をまとめるために戦争賠償は要求しなかった。日本の多くの研究者はそう結論づけています。

おそらくこれが一番重要な要素だったのでしょうが、ほかにもいろいろな要因があったと思われます。日本人民に罪はないという周恩来のことばは、日本国民へのラブコールでもあった。社会主義の建前として、人民は善であるという考え方であり、中国は日本の一般の人々の味方ですよ、というメッセージですね。

さらに中国の指導部は台湾のことも念頭にあったのでしょう。日本はサンフランシスコ条約発効の日に、蔣介石《しょうかいせき》率いる台湾の中国国民党政権と日華平和条約を結んでいますが、蔣介石は日本の敗戦直後、「暴を以て暴に報ゆるなかれ」と中国の人々に報復を戒めています。周恩来など中国共産党の首脳部には、中国共産党の度量が蔣介石より小さいとみられるようであってはならない、という面子《メンツ》の問題があったといわれています。さらに、中国は日本を台湾と断交させることを重視しており、賠償放棄はそのためのカードだったという解釈もある。そもそも一九三一～四五年の戦争による莫大な被害をカバーするような巨額の賠償を要

首脳会談をおこなう田中角栄（左）と周恩来（右）.
写真：読売新聞社.

求しても取れっこない、日本の反撥を買うだけ損だから賠償を放棄して恩を売っておくべきだ、という実利的な計算も当然あったでしょう。

毛沢東と周恩来はしたたかで現実的な政治家でしたから、このようにさまざまな政治的思惑があったことはたしかでしょう。しかし、賠償を請求しないという決断——日本に対してすさまじい怒り、復讐《ふくしゅう》心、憎しみを抱いていた膨大な中国国民の反撥を抑えつけて賠償を放棄するという決断——は、客観的にみて、日本に対する信じがたいほど寛大な対応だったこともたしかです。

対中ＯＤＡは賠償の代わり？

江川　国交正常化後、日本はＯＤＡ（政府開

発援助）を通じて中国を経済的に支援してきました。対中ＯＤＡは一九七九年に開始され、二〇〇三年度末までの間に有償資金協力（円借款《しゃっかん》）が約三兆一千億円、無償資金協力が約一千五百億円、技術協力が約一千四百億円と、総額三兆円以上の協力を実施してきました。これには、日本の指導者たちの、中国に対して真実申し訳ないことをしたという謝罪の気持ちと、よくぞ賠償放棄という決断をしてくれたという感謝の気持ちが込められているのかもしれませんね。

大沼　そうですね。一九七二年当時の中国はきわめて貧しかった。日本からの賠償は、フィリピンなどの東南アジア諸国にも増して必要だったに違いない。その貧しい中国が賠償の放棄という決断をしてくれたからには、それに報いないわけにはいかない。こうした考えは日本の政財界や官界にも一定程度あったようですね。

もちろん、日本もそうした浪花節《なにわぶし》的な考えだけで巨額の経済協力をしたわけではありません。東南アジア諸国への賠償と同じく、中国への経済協力の大部分は、無償供与（＝贈与）ではなく、低利での貸し付けです。敗戦後の日本人が必死に働いて世界銀行からの借款を返済したように、中国の人たちも必死に働いて、日本からの巨額の借り入れ金を返済して、自分たちの努力で二十一世紀には世界第二の経済大国となったわけです。そのプロセスで、日本からの経済協力は日本の企業にとっては巨大なビジネスチャンスを広げる意味ももっていました。長い目でみれば、日本は自分の利益にもなる投資を中国におこなってきたのです。むろん、中国は低利の資金を絶対的に必要としていたのだから、日本が中国の経済発展に協力したことを日本は誇っていいし、中国の人々にもその事実は知ってもらいたいと思います。ただ、そうした日本の経済協力について中国が日本に感謝していないのはケシカラン——こういうようなことをいう人がたまにいます——というのは、そもそも中国の賠償放棄が最初にあっての話なのですから、それは筋違いというものでしょう。逆に、天文学的数字に上ったであろう巨額の戦争賠償を中国が放棄してくれた事実を、日本の人々がどれだけ知っているのか。それを考えるべきではないでしょうか。

中国と韓国の日本人イメージ

江川　蔣介石の演説や日中国交回復のときの周恩来の決断には、寛大で懐《ふところ》の深い中国を感じるのですが、最近の中国にはそれがあまり感じられないように思います。二〇一二年の激しい反日デモは衝撃的でした。一方で、最近はたくさんの中国人が日本で働いていますし、日本に観光に来る中国人もたくさんいます。これをどう考えたらいいのでしょうか。

大沼　二十一世紀に入ってからの中国の対日強硬姿勢は、日本からみると異様な感じでしたし、韓国の反日姿勢に対する多くの日本人の気持ちも、「いいかげんにしてほしい」というものだと思います。「歴史認識」をめぐる問題についてはとかく日本への批判、注文が多かった米国など第三国でも、中国・韓国の極端な対日強硬姿勢に眉《まゆ》をひそめる人たちが増えてきていると思います。ただ、韓国の場合、十九世紀に旧弊にとらわれていて近代化に失敗した自国と比較して近代化に成功した日本への高い評価は戦前からあったし、戦後も「アジアの先進国日本」へのあこがれや高い評価は一貫してあります。他方、韓国メディアの偏った報道もあって、慰安婦問題に象徴されるような徹底した反日世論ができ上がってしまった。その両者が共存しているわけです。

中国の場合は共産党の情報統制があるので、主要メディアはとくに一九九〇年代の江沢民《こうたくみん》主席時代以来、一般に日本に対して厳しい姿勢が続いています。改革・開放政策をとった一九七〇年代後半から八〇年代の鄧小平《とうしょうへい》時代以降、中国は実態として社会主義国家とはいえなくなっていて、愛国教育、ナショナリズムで国をまとめるほかなくなってしまった。そのため、抗日戦線を戦った英雄的な中国共産党という建国神話を教え込み、反日ナショナリズムに訴えて国内で共産党への不満をそらすという政策に走りやすくなっている。江沢民は明らかにそうでした。ただ、これはやり過ぎると、国内の反日世論が指導部の対日「弱腰」外交非難に転化して指導部にとっても危険なことになるので、中国政府も意図的に対日批判を煽ることはあまりやらなくなっている。

「歴史認識」にかかわる中国の人々の厳しい対日感情という点では、映画やテレビの力が大きかったともいわれています。日本も、まだ貧しかった一九五〇年代から六〇年代には映画が最大の娯楽だったわけですが、中国でも日本よりすこし遅れて同じような状況があった。そうしたなかで、日本軍を残虐な「鬼」として描き出す安直な映画、日本の時代劇やアメリカの西部劇のようにワンパターンの映画が、大量につくられ上映されてきた。中国のインテリはそういうワンパターンの映画にはほとんど見向きもしないけれど、大衆レベルでは長い間そういう映画がみられていて、それが戦争を知らない世代にも「残虐な日本人」という固定的な日本人像を植え付けるのに力があったといわれています。

何よりも、二十世紀後半から二十一世紀の中国では、悠久の文明大国である中国が、一八四〇年のアヘン戦争から欧米列強と日本から侵略され、辱められてきたという意識が徹底しています。「国恥百年」ということばは全国民に共有されており、一九一五年の対華二十一カ条要求を受諾した五月九日、一九三七年に日中戦争が勃発した七月七日、一九三一年に満洲事変が勃発した九月十八日などは、「国恥日」とされている。「国恥」はアヘン戦争以来列強に痛めつけられた中国の近代史意識そのものですが、その大きな部分が日本との関係で意識されることになっているのです。

他方、日本製品の品質の高さ、ファッションや漫画やアニメの魅力、日本社会の秩序だった礼儀正しさと美しさ、高度なサービス、質の高い娯楽など、一言でいえば日本文化の先進性は中国の人々にとってあこがれの的です。二〇一二年時点で海外の日本語学習者は約四百万人ですが、その四分の一強は中国人です(二位はインドネシア、三位は韓国で、それぞれ約二十パーセント)。

二十一世紀には新聞・テレビといったメディア以外に、インターネットでさまざまな情報が流れます。実際に日本を訪れた中国人が、日本の洗練された文化や技術、豊かで平等で非暴力的な市民社会の現実をみて「残忍な軍国主義者日本」のイメージを変え、日本を好きになって、口コミやネットで発信している。これはそれまでマイナスイメージが圧倒的だった中国人の日本認識を、「平和で礼儀正しく、豊かな日本人」というプラスのイメージに変えるうえで大きな役割を果たしています。

戦後に日本がどういう社会をつくったか。日本の戦後史は、日本が中国の人にも、世界中の人々に知ってもらうべき、重要な現代の歴史です。中国からの観光客と留学生を大幅に増やし、わたしたちの現実のくらしを中国に向けてどんどん発信して、戦後の平和で豊かで文化的に洗練された日本をできるだけ多くの中国の人に知ってもらう。時間はかかるけれども、日中間、日韓間の相互の歴史認識を改善していくうえで、もっとも大切なことだと思います。

第3章　戦争責任と戦後責任

『サハリン棄民』韓国語版の表紙

「敗戦責任」から「戦争責任」へ

江川　東京裁判で、戦争の指導者は満洲事変以降の中国に対する戦争を含む戦争全般の立案、遂行について連合国によって裁かれているのですが、日本人自身はあれほど悲惨な結果を内外にもたらした戦争の責任について、どのように認識していたのでしょうか。

大沼　ほとんどの日本国民にとって、一九四五年八月十五日というのは、とにかくことばに尽くせないほど悲惨な戦争が終わった、そういう日だったのではないでしょうか。東京をはじめとする大都市は、京都以外、ほとんどが空襲を受けて数十万人に及ぶ犠牲者が出ていた。広島や長崎の原爆被害がどれほど悲惨なものかも、徐々にわかってきます。出征した兵士は帰ってこない。満洲や東南アジアに渡った民間人にも多数の犠牲者が出ています。三百万人以上の国民が亡くなったのです。

そのため、当時の日本国民にとっては、なぜ自分たちがこれほどひどい目に遭わなければならないのか、という被害者意識が圧倒的でした。自分たちは、ごく普通の生活を営んできた庶民であって、何も悪いことをしたわけではない。それなのに、こうした塗炭の苦しみを味わわなければならないのは、なぜか、と。仮にわたしがその場にいたら、同じことを思ったでしょう。当時の人たちがそういう感情で頭がいっぱいで、日本軍が海外で殺戮した人々のことにまで思いが至らなかったのを責めることはできない。

ただ、このような主観的な認識を離れた客観的な事実をいえば、亡くなった人たちは、中国軍が日本に攻め込んできて、十四年もの間国土を蹂躙《じゅうりん》して、その過程で殺された、というわけではない。日本の犠牲者の多くは、日本が不意打ちで真珠湾攻撃をして、それへの米国の反撃の結果生じたものです。多数の民間人を殺傷した日本の都市への空襲や広島、長崎への原爆投下など、連合国側にも国際法上合法だったか否か疑問の多い軍事行動もあったとはいえ、何といっても真珠湾とマレー半島を無警告攻撃して対米英戦争を開始した日本側に非があったことは、否定できない。

では、なぜ日本よりはるかに軍事力、経済力に勝る米国を攻撃するなどという無謀なことをやったのか。それは、日本が中国で一九三一年から十年間おこなってきた戦争が米英などから厳しく批判され、中国からの撤兵を要求されたのに日本が応じず、米国が最後の手段として対日石油禁輸政策をとったため、最終的な勝算のないまま真珠湾の米国艦隊に先制攻撃したわけです。そこに至るまでの経緯をたどっていけば、一九三一年の満洲事変に行き着く。この満洲事変は関東軍による陰謀で始まったのに、日本政府は中国からの攻撃への自衛と称して戦線を広げ、満洲国という傀儡《かいらい》国家までつくってしまった。このようにみていけば、やはり日本が悪かった——それは、普通の人が素直に考えれば当然行き着く結論でしょう。

しかし、そういう経緯を冷静に考えられるのは、ある程度時間が経ってからなんでしょうね。ですから、戦争が終わってから一九七〇年代初めまでの約二十五年間、日本国民は、日本から侵略され、殺された側の人々のことを考えることはほとんどできなかった。一般に尊敬されている優れた学者や作家などにも、そういう意識は驚くほど欠けていました。

戦争の責任を問う議論は、敗戦のすぐあとに出てきます。一九四五年から四八年くらいまでがひとつの山で、それは東京裁判の進行とほぼ重なる。この時期の戦争責任論は、ほとんどが敗戦責任論。なぜ負けたのか、負けた責任は誰にあるのか、と。問われるべき責任の対象は、基本的に天皇に対する責任と国民に対する責任です。他国に対してどれだけ甚大な被害を与えたのか、それに対する責任を日本はどう負っていくのか、という発想はまずみられない。映画監督の伊丹万作《いたみまんさく》と経済学者・思想家の大熊信行《おおくまのぶゆき》などがわずかな例外でしょう。

伊丹は、敗戦から一年後の一九四六年八月に、国民の多くが「今度の戦争でだまされていた」というが、あんなにも簡単にだまされた国民の側にも責任があるのではないか、「「だまされていた」といつて平気でいられる国民なら、おそらく今後も何度でもだまされるだろう」「二度とだまされまいとする真剣な自己反省と努力がなければ人間が進歩するわけはない」と、示唆に富む文章を残しています（伊丹「戦争責任者の問題」）。

大熊は、戦争中は言論人の翼賛機関である大日本言論報国会の理事として大東亜戦争を肯定し、そうした考えを公にしていた。その意味で明らかに戦争責任があります。しかし、同じようなことをした他の多くの知識人がそのことに口をつぐんで戦後事実上転向して活動を再開したのに、大熊は戦時中の自己の行為を深く省察して、「大東亜戦争」が欧米だけでなくアジアの人々にとっても侵略戦争だったことを正面から認めた（大熊『国家悪』）。そして、そうした過ちを将来二度と犯さぬよう、戦争をおこなう国家に対する忠誠の拒否という思想にまで行き着いたのです。

しかし、伊丹や大熊の視点は例外中の例外であって、一九七〇年代までのほとんどの戦争責任論で国民は暗黙裡に被害者として位置づけられています。指導者的な立場にある人々のなかの誰が責任を負うのかという議論が圧倒的でした。ですから、天皇、陸軍、政府の指導者、戦争を阻止できなかった共産党や知識人などの責任がもっぱら論じられた。日本国民自身が侵略戦争を戦ったのだ、侵略戦争の一端を担った国民にも責任があるのではないかという議論は、非常に乏しかった。

一九七〇年代まで日本による加害の事実がまったく伝えられていなかったわけではありません。東京裁判での論告や判決は公にされていますし、歴史研究もずいぶんおこなわれていて、新聞その他のメディアもある程度事実は伝えていた。ただ、「広島、長崎の被爆」に象徴される戦争の被害者意識があまりにも強かったので、日本人が多数のアジアの人々を殺戮し、それを戦争責任の問題として考えるべきだという思考回路が働かない。客観的な事実はある程度知っていても、それが戦争責任という思考の枠組みのなかに入ってこなかったのではないでしょうか。

江川　意識としては、アメリカとの戦争でわれわれは大変な思いをした、その責任は誰にあるのか、という思考になるわけですね?

大沼　戦争の呼び方が象徴的です。占領軍が敗戦後、戦争を「大東亜戦争」と呼ぶのを禁止して、「太平洋戦争」で統一されます。一九五二年には占領が終わり、六〇年代には一部の論者の「大東亜戦争肯定論」が復活しますが、専門の学者の間でさえ「太平洋戦争」という呼び名が一般的でした。名称は思考を縛ります。対米戦争をイメージさせる「太平洋戦争」からは、ハワイの真珠湾攻撃、ガダルカナル島など南方の島々での米軍との激戦、沖縄戦や本土への米軍の空襲、原爆投下などが思い浮かぶ。足かけ十五年に及ぶ中国との戦争のことは意識されない。戦争責任についての発想も議論も報道も、その枠組みのなかに組み込まれてしまう。

これはおかしいのではないかと問題提起したのが、思想家の鶴見俊輔《つるみしゅんすけ》さんの「十五年戦争」という呼び方です（鶴見「知識人の戦争責任」）。一九三一年九月の満洲事変から四五年八月の敗戦まで、日本軍はほぼ一貫して中国にいて中国軍と戦い、中国の人々を殺傷していた事実が重要なのだ、という考えです。はじめてこの考えに接したとき、わたしは、ほんとうにそうだ、自分は何とこれまで物事のごく一面しかみていなかったのだろうと、文字どおり「目からウロコが落ちる」思いでした。

被害者意識と加害者認識

江川　その後、日本国民の対外的戦争責任という視点での議論は、どのように展開していったのでしょうか。

大沼　そうした認識をもたらしたいくつかの要因がありますが、ベトナム反戦運動の影響はそのひとつですね。一九六五年に米軍による本格的な北ベトナム（ベトナム民主共和国）

爆撃（北爆）が始まると、世界各地で米国のベトナム戦争を批判する運動が巻き起こりました。日本でも、作家の小田実《おだまこと》を中心に「ベトナムに平和を！市民連合」（ベ平連）が発足します。既存の政党や労働組合などの団体とは一線を画した、自由で緩やかな集まりで、とくに当初は右翼から左翼まで実に幅広い人々が参加しています。その運動のなかで、日本はベトナム戦争に加担しているのではないか、という問題提起がなされたのです。

米軍のB52爆撃機は、沖縄本島の嘉手納《かでな》基地から飛び立ってベトナムを爆撃していた。そこで使われたナパーム弾（油脂焼夷弾《ゆししょういだん》の一種）の多くは、日本で製造されたものと報じられました（『朝日新聞』一九六五年六月二十五日夕刊）。そこから、日本は米軍に加担してベトナムの市民を殺害しているのではないか、という重要な問いかけになったわけです。つまり、その構図は、かつて日本がおこなった戦争に重なっているのではないか、という問いかけです。

第二次大戦では、日本自身がベトナムやフィリピンまで遠征してその地の人々を殺した。戦後の平和な日本は、自分たちは殺さないけれど、米軍を下支えしている。日本の協力がなければ、米軍はナパーム弾も枯れ葉剤もベトナムの人たちの頭上に投下できないのではないか。第二次大戦をもっぱら被害者の視点からみていた日本の一般の人々にとって、こうした加害者性の問いを突きつけられたという意味で、ベトナム反戦運動の意味は大きかったと思います。

江川　一九七二年の日中国交回復も大きなインパクトを与えたのではありませんか。

大沼　そのとおり。国交回復自体、大々的に報じられたし、一九七二年に出版された朝日新聞の本多勝一《ほんだかついち》記者のルポルタージュ『中国の旅』(と『中国の日本軍』)の影響も大きかった。本多さんの本は、学問的厳密さからいえば、伝聞を含むことをそのまま事実のように書いてしまったなどの問題はあるのですが、そのインパクトは絶大でした。ほかにも、『潮』など創価学会系のメディアが、中国などで戦った日本兵の聞き取りをして次々に公表しています。

それまで表に出てこなかった、そこで経験している人たちにとっては、できれば自分の胸のなかにしまい込んでおきたかった事柄がかなりの程度明るみに出て、共有されるようになってきた。これは、大将とか中将《ちゅうじょう》といった職業軍人、あるいは総理大臣とか外務大臣といった「お偉方」の話ではなく、一般の人たちにとっても自分のお父さんやおじいさん、お兄さん、おじさんたちの話です。それまでも文学作品などには描かれていましたが、そういう作品と自分の肉親が語るのとでは、生々しさのレベルが違う。自分たちの父や祖父たちが鉄砲をもって、実際にそれを撃ち、相手を殺して町を占拠していく、ということをやっていたんだなという意識が、一般の人々の間にも、ようやくすこしずつ実感として意識されてきた。それが一九七二年以降の展開だと思います。

一九七〇年代には、日本人のアジアでのふるまいも問題になってきた。一九六五年の韓国との国交回復後、いわゆる妓生《キーセン》観光旅行といって、日本人の観光客による買春がおこなわれ、それへの批判が高まった。東南アジアへのセックスツアーも問題になってきます。戦後の日本は朝鮮特需以降、高度経済成長でどんどん豊かになり、アジア諸国との所得水準が開いていった。東南アジア諸国とも韓国とも、加害者という意識も贖罪《しょくざい》の気持ちもあまりないまま賠償・準賠償、国交正常化を果たしてしまったものですから、豊かになるとおごりが出てくるのですね。

こうして東南アジアで反日感情が高まり、一九七四年に田中角栄首相が東南アジア諸国を訪れたときには、すさまじい抗議にさらされました。タイのバンコクでは日本製品排斥《はいせき》運動が展開され、シンガポールやマレーシアでも「打倒日本帝国主義」を掲げるデモがおこなわれ、インドネシアでは暴動も起きました。これには日本政府も財界も強いショックを受けます。

その三年後に東南アジアを歴訪した福田赳夫《ふくだたけお》首相は、「軍事大国とならず世界の平和と繁栄に貢献する」「対等な立場で東南アジア諸国の平和と繁栄に寄与する」といった、いわゆる「福田ドクトリン」を発表します。日本が戦前おこなったことを踏まえて、より対等な立場での協力関係でやっていく、と宣言したわけです。これは非常に高く評価され、その後は概して東南アジア諸国とは友好的な関係が続いてきています。

このように、一九七〇年代は、戦後生まれ変わったはずの日本国民の意識に、明治以来の「脱亜入欧」信仰が依然として強固に根付いているのではないかという問いが提起され、そうした問いかけが旧来の政党や労組、団体とは異なる市民運動を通じて日本社会にすこしずつ浸透していった。それがこの時期のひとつの特徴でした。これは、日本の植民地支配の結果日本に移住してきた朝鮮民族の子孫である在日韓国・朝鮮人に対するそれまでの根強い差別の撤廃を求める市民運動も生み出した。この運動が八〇年代に指紋押捺《おうなつ》制度の撤廃を求めて大きな盛り上がりをみせることはあとでお話しします。

「歴史認識」の問題を考えるとき、国家間関係、外交関係だけをみていては、全体像がみえてきません。多様なメディアに示された社会の動き、文学作品、映画などにもあらわれる人々の意識をとらえなければならない。こうした観点からみると、日本社会の一般の人々の間に、日本の戦争を単に被害者としてとらえるのではない見方が、一九七〇年代にすこしずつ準備されてきた、といえるのではないかと思います。

教科書問題と中曽根首相の靖国神社公式参拝

江川　それは、一九八〇年代になって、どういうふうに展開していくのでしょうか。

大沼　一九八二年に「教科書問題」が起こります。

歴史の教科書をめぐっては、「教え子を再び戦場に送るな」のスローガンの下でさまざまな政治運動を展開していた日教組（日本教職員組合）などの労組や社会党、それから日本の戦争責任を厳しく論じる歴史学者と、日本についての否定的な記述を何とか変えさせたい自民党文教族や文部省との、深刻なイデオロギー対立が続いていました。その象徴が、一九六五年に始まった家永教科書裁判です。

そうした背景があるなかで、一九八二年六月、多くのメディアが、文部省が教科書検定で高等学校用の日本史教科書の記述を「華北へ侵略」から「華北に進出」と改めさせたと報じました。この報道は必ずしも正確ではありませんでした。検定意見には、必ず変えなければいけないA意見と、拘束力はなく教科書会社の判断に任せるB意見があり、文部省はたしかに「侵略」という表現を改めるよう意見を付けたのですが、これは後者の改善意見。教科書のなかには「進出」に書き換えずに「侵略」を維持した事例もあったようです。

ただ、この報道をきっかけに、中国から日本の歴史教科書の書きぶりについて激しく抗議がありました。抗議は韓国からも来る。当時の日本は、平和を守り、高度成長を経て世界第二の経済大国になり、途上国に多額の経済協力をして、国際的にも高く評価されていたのに、中国、韓国から強く批判され、政府も大きなショックを受けるわけです。

そこで、当時の鈴木善幸《すずきぜんこう》内閣の宮澤喜一《みやざわきいち》官房長官が、「日本政府及び日本国民は、過去において、我が国の行為が韓国・中国を含むアジアの国々の国民に多大の苦痛と損害を与えた」と認め、教科書に関しても「アジアの近隣諸国との友好、親善を進める上でこれらの批判に十分に耳を傾け、政府の責任において是正する」とする談話を出します。そして、教科書検定基準に、「近隣のアジア諸国との間の近現代の歴史的事象の扱いに国際理解と国際協調の見地から必要な配慮がされていること」という、「近隣諸国条項」を入れました。もっとも、この近隣諸国条項はつくられたあとも実際上あまり機能していないのではないか、という評価もありますが。

翌一九八三年には小林正樹《こばやしまさき》監督の映画『東京裁判』が上映され、さらに東京裁判の国際シンポジウムがおこなわれました。映画は、映像作品としてはわたしは感心しませんでしたが、かなりヒットして、一般の人々に東京裁判を意識させるきっかけになりました。

国際シンポジウムのほうは、それまでほとんど対アメリカの枠組みで考えられていた東京裁判を、日本の人々が対アジアとのかかわりでも考えるようになるうえで大きな転換点になったと思います。わたしはこのシンポジウムの企画・運営にかかわり、国内からは国際法、歴史学の専門家のほか、先ほど十五年戦争史観で引いた鶴見俊輔、戦争責任の問題を掘り下げる作品（『神と人とのあいだ』など）を著していた作家の木下順二《きのしたじゅんじ》、「教科書裁判」の原告の家永三郎など多彩な人々が参加し、海外からは、当時健在だった東京裁判の判事レーリンク、『東京裁判――勝者の裁き』の著者リチャード・マイニア、ロシアやドイツの学者のほか、中国、韓国、ビルマからも歴史学者を招きました。

このときに、中国の兪辛焞《ゆしんとん》教授（日本現代史の代表的な研究者）が興味深い発言をしています。日本に来て、戦争を反省する民衆の意識について書かれている論文や本がたくさんあるのにびっくりした。戦争の責任を国民が反省するということは、中国では考えられない。そのことに驚いたが、国民には刑事的・政治的責任はないけれど、なぜあの時代に戦争に反対せず、巻き込まれていったのかを教訓的に再考することは、東京裁判とは関係なく、国民自身の反省であり、今後の世界の平和にとってたいへん有益だ。兪さんはこう当時の日本の学界を含む市民社会の状況を高く評価した。兪さんが驚き、感銘を受けたような状況が、この時期にはたしかにあらわれていたし、戦争責任だけではなく、植民地支配の問題も考えるべきではないかという議論も起こってきていました。

他方、このシンポジウムの全体的な基調には、一部の人たちからは不満や批判も示されました。そういう人たちは、日本の中国侵略が米国との戦争を招き、ひいては膨大な惨禍と敗戦を招いたとの見方を批判し、東京裁判の判決に示された歴史解釈を「東京裁判史観」と呼んで厳しく批判・非難するようになった。たとえば志水速雄「東京裁判史観の呪縛《じゅばく》を排す」という論文は、シンポジウムの主催者のひとりだったわたしの「「文明の裁き」「勝者の裁き」を超えて」も意識して書かれたようですが、そこでは「東京裁判史観」のために、「この戦争は日本軍国主義者によるアジア侵略戦争ということに」され、「戦後の日本人は暗黒と汚辱の中から生まれてきたという原罪の意識」を植え付けられたと激しい非難が展開されています。

また、一九八五年八月十五日には、靖国神社に中曽根康弘首相が公式参拝し、これに中国が強く反撥して国際問題化しました。靖国神社には当初東条英機ら「A級戦犯」は祀られていなかったのですが、一九七八年に密かに合祀《ごうし》されました。総理や閣僚による靖国参拝が憲法上許されるかはそれまでも日本国内で重大な問題として議論されてきたのですが、「A級戦犯」の合祀と八五年の中曽根首相による公式参拝で問題が国際化してしまった（天皇も一九七八年までは勅使による代拝をおこなっていたのですが、「A級戦犯」合祀後の七九年から取りやめています）。中曽根首相は、個人としては靖国参拝への強い信念をもっていましたが、対中関係の重要性に配慮して、以後参拝を中止します。その後の首相、閣僚も、私的参拝のケースはありますが、公式参拝はおこなっていません（天皇は昭和天皇から今上天皇に代わられても一切参拝していません）。

このように八〇年代には、一方では日本のアジア諸国に対する侵略戦争、韓国、北朝鮮に対する植民地支配の意識が、歴史認識としてようやくメディアでも大きくとりあげられ、「戦争の被害者日本」という支配的な意識に対して、とくにアジア諸民族との関係で「加害者でもあった日本」という認識が徐々に広がってきたように思います。

八〇年代からは、広島、長崎の原爆被害者でつくる日本原水爆被害者団体協議会（被団協）の人たちも、日本は加害者でもあったことを忘れてはいけないといい始めました（吉田『日本人の戦争観』）。あれだけ甚大な被害を受けた人たちが、そういう認識を公にするようになった。これは大きなことだったと思います。

他方、そうした傾向に反撥し、九〇年代から本格的に展開される「右寄り」の思想や運動の準備がされていく時期でもありました。主にマルクス主義ないし人民史観的傾向の執筆者によって書かれていた教科書への文部省の「歯止め」だったはずの検定制度に、中国、韓国をはじめとする諸外国と国内の強い批判の結果「近隣諸国条項」ができたことは、「反左翼」「反日教組」の人々にはショックだったようです。「東京裁判史観の呪縛を排す」のなかにも、「教科書問題」は日本人のナショナリズムを刺激したと書かれています。そういう声に共感する人たちの間から、政府は当てにならない、自分たち自身で教科書をつくらなければならないという動きが出てくる。これも八〇年代のひとつの動きでした。

細川首相の「侵略戦争」発言

江川　そういうなかで、一九九三年八月に、元熊本県知事の細川護熙《ほそかわもりひろ》氏を首班とする非自民・非共産連立政権ができます。自民党が野党に転落したのは結党以来はじめて。細川首相が就任後はじめての記者会見で、「先の戦争をどう認識しているか」と聞かれ、「侵略戦争であった、間違った戦争であったと認識している」と明言しました。このことばを首相として述べたのは、細川さんがはじめてですか。

大沼　そうです。それまでも事実上認めたことはありましたし、首相が「侵略的事実」「侵略的行為」と述べたことはありました。中曽根首相は、一九八六年の衆議院本会議で「中国に対しては侵略の事実もあった」「侵略的事実は否定することはできない」といっていますし、一九八九年二月の衆議院予算委員会では竹下登《たけしたのぼる》首相が「我が国の過去の行為について侵略的事実を否定することはできない」「そういう侵略的行為があった」といっています。ただ、個々の侵略行為はあったとしても、全体としては侵略戦争といっていない、という批判は一貫してありました。中曽根首相が八三年二月の衆議院予算委員会で、社会党の議員から執拗《しつよう》に「侵略戦争だったか」を問われて、最後に根負けして「まあ、簡単に言えばそういうことです」と答えていますが、自らの口で戦争自体が「侵略」とはいっていない。

ところが、細川首相ははっきりと「侵略戦争」といったわけです。当時おこなわれた世論調査では、細川首相の侵略戦争発言について、五十パーセントが「そうだと思う」と答え、「大体そうだと思う」を合わせると六割近くが支持しています。「そうだとは思わない」「あまりそうだとは思わない」は合わせても十六パーセントにすぎなかった（吉田『日本人の戦争観』引用の毎日新聞社調査〔一九九三年九月〕）。この発言は非常に強い印象を国民に与えました。対外的にも、細川発言は諸外国に強いインパクトをもって伝えられました。

わたしが忘れられないのは、当時韓国の女性記者がくり返し「日本がうらやましい」と語ったことです。「あんなにかっこよくマフラーを決めた素敵な総理が、侵略戦争だとはっきりいいきった。こんな総理がいる日本がうらやましい」と。感に堪えない、といった口調でした。米国その他の国々の知識人も、日本はせっかく戦後平和主義を貫いて素晴らしい国になっているのに、なぜ戦前のことについてははっきり非を認めないのかといらいらしていたのが、細川発言を聞いて「素晴らしい」「よくぞはっきりと認めた」と、好意的な評価が圧倒的だった。わたしも日本国民として細川首相を誇りに思いました。日本は新しいページをめくった。そんな印象を内外に与えた発言でした。

ただ、細川さんの侵略戦争発言は政府与党内の調整をしないままなされたので、その後国会でおこなわれた所信表明演説では、「侵略行為」というそれまでの路線に戻ってしまった。それでも、「我々はこの機会に世界に向かって過去の歴史への反省と新たな決意を明確にすることが肝要であると考えます」と述べ、「過去の我が国の侵略行為や植民地支配などが多くの人々に耐えがたい苦しみと悲しみをもたらしたことに改めて深い反省とおわびの気持ちを申し述べる」と、はっきり反省とお詫びを表明している。戦争と植民地支配についての真《しん》摯《し》な反省に立脚した「歴史認識」は、この細川首相の九三年の発言とそれを支持した国民の姿勢がもっとも明確なものだったと思います。

日本の「歴史認識」を示した「村山談話」

江川　一九九五年の「村山談話」は九三年の細川首相発言の二年後ですが、両者の背後にある社会状況はかなり違っていたのではありませんか。

大沼　そう。一九九四年に成立した村山内閣は、自民、社会、さきがけの三党による連立政権で、社会党からは村山富市首相と五十嵐広三《いがらしこうぞう》官房長官、自民党からはもっとも「リベラル」とされていた河野洋平《こうのようへい》総裁が外務大臣になり、他の重要ポストも押さえた。当時衆議院は自民二百六、社会七十四、さきがけ二十二で計三百二（定数五百十一）。過半数ですが、そのなかでは自民が最大会派でした。五十嵐長官と村山首相、さらに何人かの社会党のリーダーたちには、戦後五十年という節目の年を迎えるにあたって、それにふさわしい施策をとりたい、とくに講和条約や国交正常化の取り決めで解決されたはずだが実際には種々問題が残っている戦争・植民地支配の犠牲者の問題を何とか解決したいという強い気持ちがありました。

村山首相や五十嵐官房長官などが当初もっとも重視していたのは、国会決議でした。戦後五十年を期して、先の戦争を反省し、それを踏まえて新たな日本を築く決意を示す決議を衆参両院で全会一致で採択しよう、と。ところが、その案文をめぐって自民党と社会党との間に、また野党との間にも対立があってまとまらなかった。

一九九五年の国会決議は、最終的には非常に中途半端な決議を衆議院でのみ採択する結果に終わり、しかも与党議員を含めて多くの欠席者が出た。これは、村山内閣にとっても、周りで支えていた人々にとっても、非常に大きな衝撃でした。そこで、せめて何とか内閣の責任で、という思いでつくられたのが「村山総理談話」です。

官邸で外交を補佐する内閣外政審議室が原案をつくり、わたしも含めて何人かが筆を入れました。最終案を閣議決定する際、最大の難関は橋本龍《はしもとりゅう》太郎《たろう》通産大臣と思われていました。橋本さんは五十年決議にも強く反撥していた日本遺族会の会長です。村山総理が案文をみせて意見を求めると、橋本さんは思いのほかすんなりと「これで結構です」と。一点だけ、文中に「終戦」と「敗戦」の両方が使われているのはどちらかに統一したほうがいい、と指摘した。どちらがいいかと村山首相が尋ねると、橋本大臣は「敗戦」のほうがいいんじゃないですかといったそうで、そのように統一され、無事に閣議決定がなされたわけです。

一九九五年八月十五日に出されたこの談話は、「わが国は、遠くない過去の一時期、国策を誤り、戦争への道を歩んで国民を存亡の危機に陥れ、植民地支配と侵略によって、多くの国々、とりわけアジア諸国の人々に対して多大の損害と苦痛を与えました。私は、未来に過ち無からしめんとするが故に、疑うべくもないこの歴史の事実を謙虚に受け止め、ここにあらためて痛切な反省の意を表し、心からのお詫びの気持ちを表明いたします。また、この歴史がもたらした内外すべての犠牲者に深い哀悼《あいとう》の念を捧げます」とうたっており、内外で高い評価を得ました。

重要なのは、村山・橋本内閣のあとはずっと自民党と公明党の連立政権が続くわけですが、そうした歴代内閣が「村山談話」を継承してきたことです。「村山談話」は国際的に広く知られるようになり、高い評価を得て定着した。二十世紀末から二十一世紀の日本の「歴史認識」はこの「村山談話」によって示されてきた、といっても過言ではありません。

小泉政権以降の流れ

江川 二〇〇一年四月から〇六年九月まで首相を務めた小泉純一郎氏は靖国神社への参拝をくり返して、中国の反撥を招きましたが、その一方で、二〇〇一年十月に北京の抗日戦争記念館を訪れて、「侵略によって犠牲になった中国の人々に対し心からのお詫びと哀悼の気持ち」を表明しています。ただ、二〇一二年十二月に就任した安倍晋三首相は「侵略の定義」が学界的にも国際的にも定まっていないとして、日本の行為が「侵略」だったということは自ら口にしません。

大沼 小泉さんは「ぶれない」ということをうたい文句にして権力を保持したので、総裁選で公約した靖国参拝は絶対に下ろせない旗になってしまったのでしょう。ただ、本来「歴史認識」については安倍首相のようなこだわりはなく、二〇〇五年の戦後六十年談話では「村山談話」を踏襲して、「我が国は、かつて植民地支配と侵略によって、多くの国々、とりわけアジア諸国の人々に対して多大の損害と苦痛を与えました」と述べて、「痛切な反省と心からのお詫び」を表明しています。

二〇〇一年に抗日戦争記念館を訪れてお詫びと哀悼の気持ちを公にしたのも、首相として適切な行動だったと思いますが、政府の広報能力が低く、目立った形では報道されませんでした。また、翌年から靖国参拝をくり返したので、中国側に「裏切られた」という強いネガティブな印象を与えてしまった。全体として、小泉政権が中国側に要らざる反日の材料を与えてしまったことは否定できません。

第一次安倍内閣は、小泉政権下で悪化した対中関係の改善を図ったのは立派でしたが、元来安倍首相は「東京裁判史観」批判論者でもあり、総理就任前の言動から、内外で復古主義的・歴史修正主義的な思想の持ち主ではないかと疑われていました。そういう疑いの目でみられているところで、「村山談話」継承への消極姿勢を示したり、侵略の定義は定まっていない――こうしたことは他の首相も以前からいっていたことですが――といった言動を重ねているので、国際社会全体から警戒の目でみられるようになってしまった。

日本はサンフランシスコ平和条約で東京裁判の判決（日本語正文は「裁判」ですが、英文は judgments）を受諾しており、その点からしても、日本の戦争が違法な侵略戦争ではなかったとはいえない。実質的にも、「侵略」は国際法上「国家による他の国家の主権、領土保全若しくは政治的独立に対する、又は国際連合の憲章と両立しないその他の方法による武力の戦争行使」と定義されており（一九七四年の国連総会決議）、この定義は第二次大戦前からの戦争違法化の流れを踏まえたものです。実際、一九三一年の満洲事変以来の日本の戦争が違法な侵略戦争だったことは、この問題に関心をもつ世界の多くの歴史家、国際法学者の共通認識であり、それを否定するのは独善、井の中の蛙《かわず》といわれることになってしまうでしょう。

「戦後責任」とは何か

江川　「戦争責任」とは別に、「戦後責任」ということばがあります。大沼先生の本のタイトルにもなっています。日本にとっての「戦後責任」とは何でしょうか。具体的にはどういう問題がありますか。

大沼　「戦争責任」という場合、①日本の国家経営を誤って戦争をしてしまい、国民に莫大な犠牲を強いた敗戦責任を意味する場合と、②他国に攻めていって、中国をはじめとするアジアの諸民族、米英、オーストラリア、オランダその他の一千万人を超える人々を殺戮し、膨大な被害を与えた責任と、この両面があるでしょう。前者は、戦争が日本国民にもたらした惨禍に対する日本の戦争指導者、そしてそうした指導者の誤った判断を支持し、煽り、協力したメディアや知識人、政党などの責任です。後者は、そうした甚大な犠牲を他民族に強いた日本の戦争指導者と、実際にその戦争を戦って他国民を殺傷し、犯し、焼いた日本の兵士、そして総体としてそうした侵略戦争を担った当時の日本国民の責任です。両者とも、法的な責任と道義的責任がそれぞれ問題となります。

一方、「戦後責任」というのは「戦争責任」ほど一般的ではなく、一九五〇年代に少数のキリスト教徒や思想家の吉本隆明《よしもとたかあき》などが使ったことばです。わたし自身は八〇年代初めから、戦争責任と正面から向き合うことなく、とくに他国民との関係において日本の戦争や植民地支配がもたらしたさまざまな罪悪や不利益に対して十分な責任を取らず、放置してきた責任という意味で「戦後責任」ということばを使ってきました。

具体的には、第2章でお話ししたように、日本は一九三一～四五年の戦争を戦った国々や、植民地支配した朝鮮、台湾と、講和と国交正常化に際して戦争と植民地支配への償いを果たしてきたのですが、そうした償いは十分で公正なものといえるだろうか、という問題です。たとえば、戦時中は同じ日本国民として、日本の軍人・軍属としてともに戦った朝鮮人や台湾人が、戦後一貫して恩給や遺族年金、障害者年金などを受け取れないという問題がありました。

日本政府は、一九五二年にサンフランシスコ平和条約の効力発生とともに旧植民地出身者がすべて日本国籍を失う、という措置をとりました。これに対しては、最高裁が一九六一年判決で合憲とのお墨付きを与えた。その結果、旧植民地出身者は、対象が国籍保持者に限定される恩給や年金などの保障の対象から外されてしまったのです。その一方で、戦争犯罪を裁く裁判では、朝鮮人や台湾人も日本軍の一員として裁かれ、有罪判決を受けています。死刑になった人もいます。そういう重大な不利益は日本の一員として受けるのに、軍人恩給や年金などの利益からは排除される。これは、一般の人たちの公平感からみて、あまりにひどい仕打ちと考えられるでしょうが、そうした実態が戦後一貫して続いてきたわけです。

法的には、たとえば韓国の元日本軍人・軍属に関しては、一九六五年の日韓請求権協定で日本が有償・無償合わせて五億ドルの経済協力をすることで、植民地支配の時代の一切の問題について請求権を相互に放棄するという形で決着をつけたのだ、あとは韓国がこの五億ドルをどう使うかという問題であって、傷《しょう》痍《い》軍人や戦没者遺族に対するケアの責任は韓国政府（ただし在日韓国人は日本政府）にある、ということはできるかもしれない。それはひとつの法解釈ではあるでしょう。

ただ、旧フランス植民地セネガルの元フランス軍兵士が、セネガルが独立してフランス国籍を失ったため軍人年金がフランス人の退役軍人より低額に据え置かれていたケースで、この元兵士の訴えを受けた国際人権規約委員会は、法の下の平等に反する差別的取り扱いであると判断しました。委員会は、フランス人退役軍人とセネガル人元フランス兵が同じように提供した役務こそが年金支給の根拠なのだから、国籍の変更によって異なる取り扱いが正当化されると考えることはできないと解釈したのです。フランスはこれを受けて是正措置をとりました。

日本でも、あまりにも不公平な扱いだというので、台湾については一緒に戦った日本の旧軍人たちも運動して、台湾在住の戦没者、重度の戦傷病者に対してひとり二百万円の弔慰金・見舞金支給を定めた法律が一九八七年・八八年にできました。また、韓国については在日韓国・朝鮮人など日本に在留する人を対象に、「平和条約国籍離脱者」の戦没者、重度の戦傷病者への弔慰金や見舞金の支給をする法律が、二〇〇四年三月末までの時限立法で二〇〇〇年にできました。この法律で、戦没者に二百六十万円の弔慰金、重度の戦傷病者に四百万円の見舞金を支給しました（在日台湾人も対象となった）。ただ、こうした措置に対しては、日本人の戦没者や戦傷病者に比べて金額があまりに低く、法律上「弔慰金」「見舞金」とされていることから、国は責任を回避しているという批判がなされています。

サハリン残留朝鮮人の韓国への帰還

江川　戦争や植民地支配の責任がそれなりに果たされた事例もあるのではないですか。

大沼　それを考えるうえでいくつか確認しておくべき点があります。まず、戦争や植民地支配の責任が完全に果たされて、被害者やその遺族、あるいは被侵略国や植民地にされた国の国民がすべて満足する、そういうことは残念ながらあり得ない、ということです。ただ、長い時間がたてば「時が解決する」ということはおそらくあるのでしょうね。米国ワシントンDCのホロコースト博物館でシンポジウムが開かれたとき、わたしは「モンゴル人は、チンギスハンの侵略戦争に責任があるのか」という報告をしました。今日から考えると、チンギスハンや歴史上の「英雄」たちがおこなった戦争の多くは侵略戦争だったかもしれない。ただ、それを多くの人々は戦争責任の問題として蒸し返すことはない。

第二に、戦後日本が責任をまったく果たしていない、というわけではありません。第2章でお話ししたように、日本は日本との戦争で被害を受けた国、植民地支配された韓国との講和と国交正常化で戦争と植民地支配に対する一通りの責任は果たしたわけです。法的に「賠償」でなく、「経済協力」とされた場合であっても、実質は賠償・補償の意味があることは、当事者間の暗黙の合意となっていたといえるでしょう。

ただ第三に、こうした講和と国交正常化のなされた一九五〇年代から七二年の日本はまだ貧しかったので、七九年から経済協力が始まった中国を除くと、賠償・経済協力の額は低かった。また、中国や韓国の民衆の間に「日本のやったことはとうてい許せない」という感情が強く残っている状況下でそうした講和や国交正常化による「解決」がなされたのです。

さらに、講和や国交正常化に応じた国の政府は、日本からの賠償や経済協力の資金をすべて戦争や植民地支配の具体的な被害者のために使ったわけではありません。とくに日本軍の一員として戦争に協力した朝鮮、台湾の軍人・軍属などは、母国からは「民族の裏切り者」とみられ、日本からは「もう日本国民ではない」といわれて恩給や傷病者補償から排除された。戦争中労働者としてサハリン（樺太）に渡った朝鮮人は、戦後日本人は引き揚げることができたのにサハリンに残され、故郷に帰れなかった。慰安婦制度の犠牲者たちは、女性としての尊厳を否定される生活を強いられながら、講和や国交正常化による「解決」から除外されていた。

このように、「講和と国交正常化で日本は戦争と植民地支配の責任を十分果たしたのだろうか」と自問すると、なかなか自信をもって「はい」といいきれない現実があるわけです。そうした現実を何とかしようという運動が起こり、それに対して日本政府や関係する諸国の政府も一定程度対応した、という事例もいくつかあります。第４章で詳しくお話しする元慰安婦の方々への償いはその代表例ですが、そのほかにも、韓国の原爆被害者への手当、サハリン残留朝鮮人の韓国への永住帰還への日本の対応などもそうした例です。

最後のケースはわたし自身一九七五年から二〇〇〇年までかかわったので、簡単にお話ししておきます（詳しくは大沼『サハリン棄民』参照）。サハリンは敗戦までは日本の領土でした。そこには炭鉱があり、当時は日本国民だった朝鮮人が炭鉱労働者としてかなり移住しました。敗戦時に二万人ほど（かつては四万三千人といわれ、わたしもこの数字を使っていましたが、その後の研究では約二万人とされています）の朝鮮人が、日本人とともにサハリンに残っていました。日本を占領した連合国軍総司令部（GHQ）とサハリンを自らのものにしたソ連は引き揚げ協定を結び、一九四六年十二月からサハリンの日本国民の日本への引き揚げが始まりました。

ところが、日本政府の見解でもその当時は日本国民だったはずの朝鮮人（日本政府は、一九五二年四月のサンフランシスコ平和条約の発効によって朝鮮人は日本国籍を失った、という立場です）は、引き揚げ者のなかに含まれなかったのです。戦時中の日本の戸籍は、民族的日本人を対象にした内地戸籍と、朝鮮戸籍、台湾戸籍に分かれていて、引き揚げ協定に含まれていたのは内地戸籍の人たちだけだったのです。このように戸籍が基準とされたので、内地戸籍に載っている日本人男性と結婚した朝鮮人女性は引き揚げの対象になったけれど、朝鮮戸籍の朝鮮人男性と結婚した日本人女性も引き揚げてこられなかった。一九五七年になって、日本政府は、朝鮮戸籍に入っている日本人妻は家族とともに帰還できることにしたので、日本人妻の夫だった朝鮮人は帰還できましたが、ほとんどの朝鮮人は依然として取り残されたままでした。

サハリンにいた朝鮮人の多くは戦後韓国となる地域（朝鮮半島南部）の出身で、北朝鮮出身者はほんのすこししかいなかった。サハリンを支配したソ連は北朝鮮への帰還は認めたので、ごく一部はとにかく朝鮮半島に帰りたいということで北朝鮮に渡りました。でも、北朝鮮の悲惨な状況がわかってくると、誰も行かなくなった。自分の故郷でもない国だから当然でしょう。そこで、故郷の韓国に帰るために、サハリンの朝鮮人も日本人妻と日本に引き揚げたごく少数の朝鮮人も、陳情をくり返したのだけれど（朴魯学《パクノハク》というとても立派な人がリーダーでした）、らちがあかなかった。

わたしは一九七五年にその訴えを聞いて、高木健一《たかぎけんいち》弁護士と一緒にそうした方々を助けて帰国運動に二十五年間取り組みました。先に述べたように、日本政府は、外地に残された日本人の帰国には一所懸命取り組みましたが、サハリンの朝鮮人については、日本国民としてサハリンで働いたのに、戦争が終わると置き去りにしたのです。一九四六年当時、日本政府がGHQに対して、「日本国民としてサハリンに渡った朝鮮人がいる。そのかなりの者は、日本国が徴用して連れていった者である。彼らも引き揚げさせてほしい」と申し入れていれば、事態は違っていたのではないか。

この問題には、日本の政府だけでなく、日本の社会も冷たかったのです。帰還運動がおこなわれた当時、韓国は反共的な軍事独裁政権下にありました。物事をもっぱら米ソ対立の枠組みで考え、戦後責任、植民地支配責任という考えに乏しかった社会党や「進歩的知識人」も、帰還運動にきわめて冷淡な目を向けていました。著名な在日朝鮮人作家の李恢成《りかいせい》氏は、帰還運動をKCIA（韓国中央情報部）と結託した反共・反ソ運動と決めつけ、口を極めて非難しました。

一九八六年に自民党の原文兵衛《はらぶんべえ》参議院議員と社会党の五十嵐広三衆議院議員が問題に理解を示して、この二人が中心となって超党派の議員懇談会ができました。この議員懇には、安倍晋太郎《あべしんたろう》自民党総務会長、土井《どい》たか子《こ》社会党委員長、江田五月《えださつき》社民連代表をはじめ、百三十八人の議員が参加し、日本政府や赤十字を動かし、韓国政府に理解を求め、ソ連に粘り強く働きかけるなど、問題の解決に実に熱心に取り組んだ。わたしは、「日本にはこれほど票にもならない地味なことを真面目にやってくれる政治家がいたのか」と驚き、「こんな立派な議員たちがいるなら、もっと早くから政治家に働きかけるべきだった」と、強い後悔の念を抱いたことを、今でもよくおぼえています。

ボランティアがよく手伝い、外務省のなかにも省内、さらに大蔵省を必死に口説いてくれたすばらしい官僚もいて、長年離ればなれになっていた肉親の再会の事業が日本政府の予算で日本、さらに韓国でおこなわれ、永住帰国を希望する朝鮮人を乗せた最初のチャーター機が現地を飛び立ってソウルに着いたのが、一九九〇年二月。一九九九年と二〇〇〇年には、韓国政府が提供した土地に日本政府の予算で永住帰国者用のアパートと病院を建て、大韓赤十字がケアを担当するという日韓の共同作業により、一千四百人が韓国に永住帰国しました。

約二万人のうちには、それまでに亡くなった方も多いし、サハリンで家庭をもって孫もできるなどして、サハリンに残った人もいます。それでも、どうしても故郷で死にたいという一千四百人の方々の希望を叶えることができた。運動を長く続けた被害者の人たちを、日本と韓国のボランティアや弁護士などが支え、原、五十嵐議員をはじめ志と行動力をもった何人かの政治家、メディア、そして一部の官僚も動いたことで、不十分ながらも、何とか最低限のことはできたケースではなかったかと思います。

在日韓国・朝鮮人と「日本人」の範囲

江川　サンフランシスコ平和条約発効後、日本に残った朝鮮半島出身の人たちとその子孫が在日韓国・朝鮮人として日本に定住しています。この人たちに対して、好きでやってきて勝手に日本にとどまったのに「在日特権」を振り回すのはけしからん、日本から出て行け、といったヘイトスピーチもおこなわれています。彼らがなぜ日本に残ったのかなど、その歴史を教えてください。

大沼　日本の敗戦時、日本国内には約二百万人の朝鮮人がいました。日本が植民地として支配していた朝鮮半島から移住してきていた人たちです。そのうち約四分の三が朝鮮半島に戻り、約五十万人が日本に残ったのです。残ったのは、比較的在日歴が長く、日本が生活の拠点となっており、逆に朝鮮半島とのつながりが薄れていた人たちが多かったといわれています。

当時は日本も朝鮮半島も連合国軍の占領下にあり、どちらも戦後生活は混乱して貧しかったのですが、朝鮮半島のほうが日本よりもっと貧しかった。そういう状況下で、朝鮮半島への帰還希望者に持ち帰りが許されたお金は極度に制限されていました。朝鮮半島に生活の拠点をもたない人にとっては、「帰っていいですよ」あるいは「できるだけ帰ってください」といわれても、帰って生活をしていく目処が立たない、下手すると餓死する危険を冒すことになる。そういう人たちは、状況が改善するまでひとまず日本にとどまろうと考え、それが約四分の一、五十万という数に上ったわけです。

日本政府は、一九五二年四月、サンフランシスコ平和条約が発効し、日本が独立を回復すると同時に、前に述べたとおり朝鮮人と台湾人はすべて日本国籍を失うという措置を取りました。政府はこれを「過去の侵略主義の反省」として正当化しました。これまで朝鮮人は、日本の侵略主義の結果「日本国民」とされ、日本の対人主権（国民として、日本国内にいようが海外にいようが、日本の主権の下にあるということ）に服していた。この対人主権を放棄することは、戦前の侵略主義の反省に立った政策である。日本政府はそういったのです。

しかしながら、彼（女）らの国籍を失わせるという措置は、実際にはきわめて公安警察的な発想にもとづくものでした。つまり、在日朝鮮人には共産主義者が多く、このまま日本にいさせると共産主義革命をやりかねない危険な存在である。しかし、日本国籍を喪失させてしまえば外国人になる。国際法上、国家は外国人を自由に追放することができる。誰が日本政府にとって都合の悪い朝鮮人かはなかなかわからないが、すべての朝鮮人を外国人にしておけばあとで必要なときにいつでも退去強制にできる、というわけです。以前、この問題に深くかかわった外務官僚にインタビューをした際に、その人が正直にそう語るのを聞いて、愕然《がくぜん》としました（詳しくは大沼『在日韓国・朝鮮人の国籍と人権』参照）。

外国人になるということは、国民としての権利と義務を失うということです。国民の義務として一般に兵役義務と納税義務がもっとも重要なものとされますが、このうち兵役義務は、戦後日本では憲法第九条との関係で違憲と考えられ、一貫して法制化されませんでした。納税義務は、日本に住んでいる以上、国民も外国人も関係なく負っている。ですから、日本に住んでいる日本国民を外国人にするということは、義務は同一のまま、国民として有するさまざまな権利を剝奪することにほかならない。きのうまで日本国民だった人が朝起きてみたら、「あなたは外国人です。今日から日本国民ではないので日本国民としてもっているあらゆる権利はありません」といわれたのです。

実際、在日韓国・朝鮮人は、当時根深かった社会的な差別や偏見に加えて、法的にもさまざまな差別にさらされることになりました。それを侵略主義の反省に立脚した措置というのは、偽善以外の何物でもない。そういうことを戦後の日本政府がやり、最高裁がそれを追認し、学者もそれを本格的に批判しなかったことを知ったとき——一九七〇年代の後半だったと思いますが——戦後それまで日本が語ってきた民主主義と人権とは一体何だったのか、と絶望的な思いに駆られました。

江川　権利を剝奪される在日韓国・朝鮮人や韓国などの政府から、批判はなかったのですか？

大沼　これは在日韓国・朝鮮人の指導者や知識人の大きな誤りであり、韓国と北朝鮮政府が強く批判されるべきところでもあったと思うのですが、国籍を奪うのはケシカランという声はほとんど出なかったのです。日本国籍がなくなるのは当然のことだ、それは「日本の支配からの解放」なのだ。韓国政府も北朝鮮政府も、在日韓国・朝鮮人の指導者も知識人も、みなそういったのです。これは、国際法的にはまったく誤った議論というしかない。日本国籍がなくなっても、日本にいる以上日本の領域主権下にいるわけですから、日本の統治権には全面的に服するわけです。しかも、そこに国民でなく外国人として住むことは、国民より権利が制限された脆弱《ぜいじゃく》な法的存在として生活することを意味する。「解放」とは正反対の、権利剝奪でしかない。

日本の出入国管理法制は、米国の法制度をモデルにつくられています。米国が主体の連合国が占領していた時期にひな型がつくられ、それが基本的に維持されている。

ところが、この入管法制と表裏一体をなす国籍法は、米国が出生地主義なのに対して、日本は血統主義なのです。米国で生まれた人は、親が外国人であっても米国籍を取得する。ですから、米国生まれの日系アメリカ人、韓国系アメリカ人は米国国民です。一方、日本の場合は血統主義なので、二世はおろか、四世だろうが五世だろうが外国人のままです。帰化という形で日本国籍を取得することはでき、実際帰化によって日本国籍を取得する在日韓国・朝鮮人はかつてに比べてはるかに増えていますが、法制度自体の問題性は解決されていない。

わたしは、何かというと欧米を持ち上げて日本のあれがダメ、ここが遅れている、という類の議論には一貫して批判的で、そういった「脱亜入欧」的発想からの脱却を主張しているのですが、それでも戦後の国籍問題を解決する方法としては、日本は（西）ドイツを見習うべきだと思います。一九三八年にドイツはオーストリアを併合したので、ドイツ国内にオーストリア人がかなりいました。在日韓国・朝鮮人と同じような在独オーストリア人です。オーストリア政府も、韓国政府同様、在独オーストリア人はオーストリア国民であると強く主張した。韓国、北朝鮮政府と同じく、在独オーストリア人にドイツで外国人として生活する不利益を甘受させてでも、オーストリア国民であることを重視するという国家中心の考えが強かったわけです。ところが在独オーストリア人には、戦時中からのドイツ国民としてドイツに住み続けたいという人がかなりいました。西ドイツはこの二つの声の板挟みにあって、裁判所の判決は区々に分かれました。でも、最終的には、一方ではオーストリアの面子を立てて在独オーストリア人は原則としてオーストリア国民として処遇するが、彼（女）らは個々人の意思に従ってドイツ国籍を保持することもできるという法律をつくって問題を解決したのです。

日本でも、簡単な届け出によってかつて保有していた日本国籍を回復できるという趣旨の法案ができかかったことがあるのですが、在日韓国人の民族組織である民団（在日本大韓民国民団）は反対し、在日韓国・朝鮮人の知識人の多くも積極的でなく、結局実現しませんでした。在日韓国・朝鮮人が四世、五世の世代になっても外国人として日本に住み続けているというのは、日本政府だけの問題ではなく、在日韓国・朝鮮人の民族組織や知識人、韓国・北朝鮮政府の問題も大きいのです。

二十一世紀の在日韓国・朝鮮人の大部分は、言語にしても生活のスタイルにしても、まったく一般の「日本人」と変わらない。それなのに、朝鮮人なり韓国人としてのアイデンティティを韓国や北朝鮮の国籍、つまり国家の一員であることに求めるという呪縛――わたしは、これは呪縛といってよいと思います――は、在日韓国・朝鮮人の間にまだかなりの程度残っています。韓国語もできず、韓国文化に従って生きているわけでもなく、韓国の参政権も完全に保障されない人たちが韓国国籍に固執しているとしたら、それはひどく空虚な国籍ではないか。実際、在日韓国・朝鮮人の知識人や民族的指導者が何をいおうが、帰化者は毎年七千～一万人程度に上っていますし、かつては例外だった日本人との結婚も今日圧倒的多数を占めています。日本の国籍法は父親か母親のどちらかが日本国民であれば子供は日本国民となる両系血統主義をとっていますから、日本人と結婚して子供をもつ在日韓国・朝鮮人が増えると日本国籍者はどんどん増えていくわけです。

「在日特権」は特権なのか

江川　日本式の通名と朝鮮式の本名を使い分けることなどを含めて、「在日特権」があるといって非難している人たちがいますが……。

大沼　一般の外国人、つまり外国から日本にやってきて暮らしている人たちと比較をして、通名のことまで含めて特権があるとかないとかいうのは、比較の前提が根本的にまちがっているし、なぜ在日韓国・朝鮮人が通名を使うようになったかという歴史をまったく理解していない議論です。そういう人たちは、自分の「歴史認識」をよくよく考えてみてほしい。

韓国焼き肉店が全国津々浦々にあり、韓流ドラマ、K-POPが人気を集める二十一世紀の日本では信じられないほど根深い在日朝鮮人——当時は「在日コリアン」でなく、「在日朝鮮人」あるいは単に「朝鮮人」が一般的呼称でした——に対する差別や偏見が、一九六〇年代までの日本にはありました。「ニンニク臭い」といって蔑《さげす》まれ、学校では馬鹿にされる。大企業への就職はできないし、銀行もお金を貸してくれない。商売上もさまざまな不利益を被る。そういう状況下では、自分の身を守るために、生活上の不利益をすこしでも減らすために、あたかも日本人であるかのように自らを偽って生きていかざるを得ない。

通名は、このように差別と偏見が今日では考えられないほど激しかった時代に在日韓国・朝鮮人が差別から逃れ、不利益を避けて生きていくためやむを得ず採用せざるを得なかった自衛手段だったのです。「特権」とはまさに正反対の歴史状況があったわけです。露骨な差別や偏見が影を潜めた二十一世紀の日本でもなおそうした歴史への無理解、まさに歴史認識の欠落があることがむしろ問題でしょう。

法的にも、一九五二年に外国人にされてしまった在日韓国・朝鮮人と台湾人は、日本社会の一員として当然もつはずの権利・資格から徹底的に排除されていました。たとえば、国民年金や住宅金融公庫融資など、多くの制度に国籍要件があり、年金や融資を受けられない。国公立大学の教授、助教授にもなれない。公務員にもなれない。国公立病院の医師や看護師（当時は看護婦）にもなれない。子供が小学校の学齢に達しても地方自治体から通知もこない。国体（国民体育大会）にも出られない。戦後日本の国民的ヒーローで、一九七七年には国民栄誉賞を受賞した王貞治さんも、高校時代、国体には出場できなかった。とにかく社会生活上のありとあらゆる分野で、きちんと税金を納めている社会の一員として期待できるはずのサービスを受けられず、権利・資格のうえで排除されていたのです。

それが、一九七〇年代からそうした差別的な制度の撤廃、改善を目指すさまざまな市民運動の働きもあって、すこしずつ国籍要項が緩和され、住宅金融公庫や公営住宅が利用できるようになっていった。日本が一九八二年に批准した難民条約に、公的扶助や社会保障などで「自国民に与える待遇と同一の待遇を与える」とあることもあり、国民年金や児童手当の国籍条項が外されました。国体も、学校教育法で定めている中学や高校、大学に在籍する在日外国人の子供は一九八〇年代から九〇年代にかけて出場できるようになり、その後、法律では各種学校に分類されている民族学校の生徒も参加できるようになった。

大手の民間企業も、かつては日本人しか採用しませんでした。在日韓国・朝鮮人の多くは零細企業や個人経営者の下で働き、その職種も日本人がやりたがらない肉体労働や零細企業の店員が主で、労働条件もよくないところで働くことを余儀なくされていました。『朝日新聞』『毎日新聞』のように「リベラル」な新聞社にも、外国籍の在日韓国・朝鮮人の記者はいなかった。一九六〇年代まではそれが「あたりまえ」だった。

それが変わるきっかけは、一九七〇年に起きた日立就職差別事件です。在日韓国人二世の男性が入社試験を受ける際、氏名は通名として使用していた日本人名を記載し、本籍欄には実家の住所を書いて応募し、合格する。入社時に戸籍謄本《とうほん》の提出を求められ、国籍を告げたら採用を取り消された。この人は裁判を起こし、全面勝訴します。判決は、在日韓国・朝鮮人の歴史や置かれた環境にも触れ、通名で入社しようとしたことについても、日頃使用している名前であって偽名とは異なるとして、大企業が在日韓国・朝鮮人を拒み続けていることが通名使用の一因として挙げました。日立は控訴せず、判決は確定。この裁判は大手企業に大きな影響を与えました。

司法試験の合格者が法曹資格を得る前に受けなければならない司法修習にも、公務員に準ずる者として国籍要件がありました。在日韓国・朝鮮人で司法試験に受かった人は、最高裁の指導に従って帰化して司法修習生になり、弁護士になっていた。しかし、金敬得《キムキョンドク》という在日韓国人の司法試験合格者がそれを潔しとせず、韓国籍のまま司法修習生となることを強く求めました。最高裁も、さすがに法律家を育てる司法研修所の修習資格として不合理だと内心認めたのでしょう、一九七七年から司法修習生については外国人の合格者も「相当と認めるものに限り、採用する」と方針が変更され、二〇〇九年には国籍条項そのものが撤廃されました。

このように、一九七〇年代以降、多くの分野で法的な差別は徐々に撤廃されてきました。一九二三年の関東大震災のときには朝鮮人の虐殺事件まであり、戦後もなお戦前からの差別と偏見が根強く残っていた歴史からみると、こうした在日韓国・朝鮮人に対する法的・社会的差別と偏見の減少は、日本として十分誇ってよい点だとわたしは考えています。わたしが七〇年代から八〇年代に市民運動をともにした在日韓国・朝鮮人の人たちと話しても、そういう意見はすくなくありません。

でも残念なことに、そうした歴史は日本社会でさえ十分認識されていません。まして韓国では、さらに米国など諸外国でも、かつての日本の「在日韓国・朝鮮人への差別と偏見」というイメージが漠然と抱かれているのではないかと思います。韓国の対日イメージは二十一世紀に入ってから概してよくないのですが、こうした事実をきっちりと韓国のメディア、そして韓国国民に理解していただきたいし、そのための努力を日本側も重ねるべきだと、強く思います。

戦後日本のサクセス・ストーリーとして、よく「平和と経済的繁栄」があげられます。それはそのとおりなのですが——わたし自身そういっていますが——、漫画やアニメ、映画やファッションといった文化の面でも、日本は世界に誇るべきものをもっているし、在日韓国・朝鮮人やアイヌ民族への差別や偏見の減少といった社会面でも、地道ではあるけれど、戦後の日本がすこしずつ改善してきたものは多々あるわけです。そういった目立たない面もメディアは取り上げてほしいし、日本の国民にも世界の人々にも知っていただきたい。いつもそう思っています。

定住外国人の指紋押捺制度撤廃運動

江川　一九八〇年代には、日本に住む外国人に義務づけられていた指紋押捺は一般市民を犯罪容疑者扱いするものであり、悪法だという声が高まって、大きな社会問題になりました。これも、そうした変化を促すきっかけになったかもしれませんね。
大沼　日本に一年以上住んでいる外国人は、外国人登録法上、十四歳（一九八二年十月からは十六歳）になると指紋を押す義務がありました。ところが一九八〇年代に入ると、この押捺の拒否者が続出します。日本の場合、指紋を採るのは犯罪の被疑者の取り調べの際です。なぜ犯罪と関係もなく、平穏に暮らしている一般の市民から、しかも少年・少女から高齢者まで、外国人という理由だけで指紋を採るのか、外国人というだけで犯罪者扱いするのはあまりにも個人の尊厳を侵すものではないか、という批判が高まってきたのです。政府は、本人の同一性確認のために必要であるといって制度を守ろうとしました。

しかし、日本国民の場合でも本人の同一性確認が必要な場面はいろいろありますが、そういうときに指紋は採りません。たとえば参政権を行使して選挙で投票する際、当然本人の同一性確認が必要ですが、指紋は押させない。他のきわめて重要な行為、たとえば土地の登記のときにも、指紋押捺はない。なぜ定住外国人にだけ指紋押捺が必要かということは、結局論証できない。

しかも実態を調べてみると、膨大な指紋が採られているけれど、ほとんど使われていないことがわかった。結局のところ、指紋を採ってあるからあなた方はいつも監視されていますよという、定住外国人への心理的な脅しをねらったものと考えざるを得ない。つまり、敗戦直後の在日朝鮮人＝共産主義者・潜在的犯罪者という差別的な在日韓国・朝鮮人観が八〇年代まで維持されて、定住外国人一般（当時そのなかで在日韓国・朝鮮人は大多数を占めていました）に指紋押捺を求める制度として残っているにすぎないのではないか。こういったことが明らかになってきました。

指紋押捺制度の撤廃を求める運動は、とても草の根的でした。全国の運動をつなぐ連絡協議会ができたのですが、中央が把握できないほど、各地でどんどん自発的に押捺拒否者が出てきた。そうした各地の動きはメディアで大きく報じられ、おそらく外国人への人権保障を求める運動のなかでもっとも日本社会に知れ渡った運動になりました。

「人権」は、今日では誰もが知っていて、逆に「人権、人権といって義務や責任はどうなのか」という反撥があるくらい、あたりまえのことばになりましたが、それほど日本社会に広まったのは一九七〇年代以降、本格的には八〇年代以降のことではないかと思います。日本は一九七九年に国際人権規約を批准し、八二年には難民条約を批准しました。前にお話ししたように、八〇年代には戦争責任や植民地支配責任にかかわる認識もすこしずつ広がっていった。そういう流れのなかで、「ひとさし指の自由」——指紋押捺は人差し指を押捺することを義務づける制度だったので、それを撤廃する要求は「ひとさし指の自由」というスローガンを掲げました——を求める運動は、類をみないほど日本の一般市民の共感を得ました（大沼「「ひとさし指の自由」のために」「単一民族社会の神話を超えて」）。

残念なことですが、問題が争われたケースで裁判所は、指紋押捺は平等を定める憲法第十四条や、非人道的な、もしくは品位を傷つける取り扱いを禁じる自由権規約第七条などに反するという主張を認めませんでした。指紋押捺拒否は、一年以下の懲役もしくは禁錮または二十万円以下の罰金とされており、実際に起訴されて罰金の有罪判決を受ける人が相次ぎました。わたしは国際法の専門家として裁判で証言したのですが、弁護側からは詳細な質問があり、わたしもそれに詳しく答えたのに、検察官はまったく反対尋問をしない。にもかかわらず、裁判所は検察側の主張を受け入れて有罪判決を下しました。

それでも、市民運動がメディアに大きく取り上げられ、国会議員を動かしたこともあって、一九九二年には外国人登録法が改正され、指紋押捺制度は撤廃されました（全廃は二〇〇〇年）。これは、在日韓国・朝鮮人を含む定住外国人も日本の社会の一員であり、その権利は国民同様守られなければならないという日本社会全体の意識を反映し、市民社会の成熟を示す、象徴的な出来事だったと思います。

この一九九二年は、細川首相の「侵略戦争」発言の前の年です。先ほど述べた七〇年代からの人権意識の高まり、戦争責任、植民地支配に対する反省の意識の社会全体への浸透という動きが結実した、そういう時期だったと思います。その後の日本社会では、むしろそういった流れへの反撥が強まり、「歴史認識」もそれまでとは逆向きの方向で論じられることが多くなってきたといえるでしょう。

「普通の人の目線」の重要性

江川　せっかく人権を尊重する側に進んできたのに、どうして逆行する動きが出てくるのでしょうか。

大沼　戦後、とくに一九七〇年代以降の日本は、高度成長で獲得した豊かさを基礎にして、いわば政府と市民社会の協働で――むろん個々的には無数の対立があったのですが、市民社会からの要求のかなりの部分を不十分ながら政府が受け入れて実現したという意味での協働です――外国人、女性、身体障碍《しょうがい》者、戦争・植民地支配・公害の被害者など、それまで社会で人間としての尊厳が傷つけられても沈黙を守らざるを得なかった人々の声を、限られたものではあれ、すくい上げてきた。そして、そうした人々の尊厳の回復を助け、支える政策を着実に進めてきた。このことはわたしたち、戦後の日本社会の構成人――これには日本国民のほか、定住外国人も含まれます――が誇っていいことだと思います。

人間は自分の性別や国籍、身体的条件を選んで生まれてくるわけではない。自分の力、努力ではどうすることもできないそうした事実のため、他の人と同じように生きることができない、尊厳が守られない人を「人権」という制度で支えることは、そういう境遇に生まれたかもしれない自分の権利、自分の子供や孫の権利と利益を守ることであり、今後も一貫して続けていかなければならない。それは別に他人のためでなく、自分の利益のためなのです。

ただ、七〇年代以降のそういう流れのなかに自分自身が身を置きながら感じてきたのは、メディアや一部の影響力ある知識人の間で、やや無理な議論、過度に倫理主義的な主張がなされ、それが大文字の「正義」と化してしまったのではないか、ということです。

わたしがずっといってきたのは、「俗人」目線の大切さです。どの国も、社会を構成している人たちはほとんどが俗人なのだから、「歴史認識」や他者に対する要求は、そういう人たちに受け入れられる、「俗人ができることなのかどうか」という基準で考えるべきなのです。わたし自身が俗人だし、戦争責任や植民地支配への反省を訴えている人もほとんどは俗人ですから、無理なことはいわないほうがいい。それが、四十年以上「歴史認識」に関するさまざまな問題にかかわってきて、自分自身の言動も苦い思いで振り返ることも多かった人間としての、正直な思いです。

ところが八〇年代ごろから、いわゆる進歩派、左翼、リベラルの間で、そしてメディアで、戦争や植民地支配について、きっぱりと加害と被害に分ける二分法的な物言いが目立つようになってきた。そのなかには、加害者としての日本人は、被害国からの批判に対しては、何をいわれてもじっと我慢して聞いていなければならないという論調もあった。

とくに嫌な感じがしたのは、「無限に頭《こうべ》を垂れる」というセリフが出てきたときです。無限に頭を垂れるなんて、わたしにはできないし、ほとんどの人もできないだろう、そういうことは偽善そのものだ、と思いました。戦争責任や植民地支配に関しては、韓国や北朝鮮、中国からたとえ事実と違うことをいわれて非難されても反論してはならないというのは、おかしい。それは実は相手を同等の人間としてみていないことではないか。子供から何をいわれても大人がハイハイと聞くように、実は韓国、北朝鮮、中国の人々を子供扱いするということなのではないか。

わたしは、戦争責任、植民地支配責任を真剣に考え、それらの被害者の尊厳の回復を人権の思想と制度をもって実現するという七〇年代から九〇年代にかけての日本社会の取り組みは正しかった、それがなければ日本は国際社会で名誉ある地位を占めることはできなかったと、強く思います。そうは思うのですが、他方、この時代の風潮として、それを唱える人自身もとてもできない、社会の多数を占める普通の人からみると「そうご立派なことをいわれてもねえ」という、過度に倫理的な要求を強調するきらいがあって、一般の人たちにはそれがとても嘘っぽく聞こえたのではないか。そうも考えるのです。

韓国や中国は、われわれに要求することを自分たちはできるのか。日本ばかり責めるけれど、韓国にも慰安婦はいたではないか。ベトナム戦争のとき派兵された韓国軍はベトナムで一体どれほどひどいことをやったんだ。中国は、南京大虐殺だと日本をさんざん非難するけれど、自分のところであれだけの人権弾圧をやっているではないか。毛沢東は大躍進や文化大革命で自国民を何百万人死なせたんだ。チベットやウイグルでの大規模な抑圧、人権侵害は何なんだ。そういうことをやっていながら日本を批判できるのか。あるいは、欧米はあれだけ列強として植民地支配をやっておきながら、なぜ日本に説教を垂れるのか。自分たちは、旧植民地の膨大な数の人々に、日本のように反省を示して謝罪したのか。これは、素朴な、人としてごくあたりまえの不公平感だと思うのです。

もちろん、他国が悪いことをやっているからといって、日本が悪いことをやってもいい、ということにはならない。そういった居直りは自らを貶めるものでしかない。ただ、日本もこれまでそれなりに過去の行為を反省してきたのだから、中国や韓国もすこしはそこをちゃんとみて、わが身を振り返りながら日本に接してほしい。欧米諸国も、何かといえば「立派なドイツ、ダメな日本」という傲慢《ごうまん》な姿勢で説教を垂れるのではなく、自国の近現代史の汚点を十分直視したうえで、日本の側も素直に耳を傾けることができる形で発言すべきでしょう。そういうことは中国や韓国、さらに欧米諸国にもいっていいし、むしろいわなければならない。

この問題は、最後の第５章でもうすこし詳しくお話ししましょう。

第4章　慰安婦問題と新たな状況
——一九九〇年代から二十一世紀

東京で記者会見する金学順さん（時事）

なぜ慰安婦問題だけが注目されるのか

江川　戦時中の問題はいろいろあるのに、そのなかでも一九九〇年代からは慰安婦の問題が海外でも注目され、日本の姿勢に厳しい視線がそそがれているように思います。いつ、どのようにして、大きな問題としてクローズアップされるようになったのでしょうか。

大沼　一九九一年に元慰安婦の韓国人女性、金学順《キムハクスン》さんが名乗り出たことがきっかけでした。

それまでは、一部の専門家には知られていましたが、重大な問題として取り上げられてはいなかった。わたしは一九八〇年代に、在日韓国人団体の婦人会の方に深刻な人権問題ではないかと話したことがありますが、むしろ問題として取り上げるべきではない、という反応でした。「先生、あなたは男だから、そういうことがいえる。わたしがそういう経験をしていたら、絶対にほじくり返されたくない」といわれました。なるほど、と思って口をつぐんだので、金さんが実名で自分の体験を語り始めたとき、「なんと勇気ある女性だろう」と思ったことを、今も記憶しています。

ちょうどその頃、八〇年代から有力になっていたフェミニズムがますます影響力を広めつつあって、とくに女性の人権問題に注目が集まっていました。九〇年代初頭、旧ユーゴスラビアが解体される過程で内戦が起こり、「民族浄化」と称して異民族を集団的に抹殺することまでおこなわれましたが、その一環として敵対する民族の女性に対する集団レイプもおこなわれたのです。これは戦時下の女性の人権侵害として大きな問題となります。そうした「現在」の出来事と結びついて、「過去」の問題だったはずの慰安婦問題が今日の重大な問題として取り上げられるようになったわけです。

九〇年代には慰安婦制度の犠牲者のほかにも、日本人と同じく大日本帝国の一員として戦争に参加した韓国・台湾出身の軍人・軍属、強制的に労務に動員された中国・韓国人なども補償を求めて日本の裁判所に訴えたのですが、メディアは圧倒的に慰安婦の問題を報じました。同じ戦時下の人権侵害問題でも、慰安婦問題の扱いは際立っていました。二十一世紀の今も、日本の問題に関する限りこの構図は変わっていません。

国際機関でも女性の人権問題は重要な問題として扱われ、慰安婦問題も何度も取り上げられました。日本は慰安婦に関する法的責任を認めるべきだなどとした、有名なクマラスワミ報告（一九九六年二月）は、国連人権委員会に出された特別報告です。ただこれは正確には、「女性に対する暴力の原因と帰結」と題して、女性に対する今日のさまざまな人権侵害について報告したものです。慰安婦の問題はその付属文書で、「戦時下の軍性奴隷《どれい》」として取り上げられたのです。

同報告には、後に虚偽と判明した吉田清治氏の女性「奴隷狩り」証言も記載されています（この証言への秦郁彦氏の批判も記載されている）。二〇一四年八月に『朝日新聞』が吉田証言の記事を取り消したあと、日本政府はクマラスワミ氏に報告書の修正を求めましたが、同氏は吉田証言だけが根拠ではないといって応じませんでした。実際、報告書の根拠は吉田証言だけではない。それはそのとおりです。ただ、報告書のかなりの部分はジョージ・ヒックスというオーストラリアのジャーナリストの著書に依拠していて、これは学問的にはかなり問題のある本なのです。クマラスワミ氏は国際的に活躍している女性法律家ですが、慰安婦に関する報告については当初から学問的な信頼性の点で大きな問題があったことは否定できない。この報告自体は人権委員会で拍手喝采で採択されたようですが、慰安婦問題に関する付属文書は「留意する」という扱いにとどまっています。

慰安婦問題は日韓問題？

江川　戦時中の日本が慰安婦にした女性は朝鮮半島の女性ばかりではなく、中国、台湾、フィリピン、インドネシア、オランダなど、さまざまな国に及んでいます。もちろん日本人もです。それなのに、今では日韓問題と化してしまっているようにみえます。しかも、二十一世紀になって日韓の対立はむしろ激化しているようにみえます。これは、どうしてなのでしょうか。

大沼　慰安婦問題への関心は、時期によってずいぶん違いがあります。一九九一年から九六年ごろまでが第一の山。金学順さんの登場から「女性のためのアジア平和国民基金」（アジア女性基金）ができて、日韓両国で日本政府とアジア女性基金がメディアから強く批判・非難された時期です。韓国人女性の告白・糾弾で問題が表に出てきたということもあり、また、宮澤喜一首相の訪韓の時期に『朝日新聞』をはじめとする日韓のメディアが大々的に問題を報じたこともあり、この時期に日韓両国で慰安婦問題＝日韓問題という構図ができ上がってしまった。

とくに韓国では、慰安婦問題は「植民地支配を反省しない日本」を象徴するシンボルになってしまいました。一九六五年の日韓国交正常化後、日韓関係はすこしずつ改善されていたのですが、無垢《むく》な処女たる韓国の少女たちを性的に虐げた、というイメージがつくり出され、それが日本の朝鮮植民地支配のイメージと重なったのです。

日本国内では、この問題はあたかも「左派リベラル＋フェミニスト対右派ナショナリスト」の戦場のようになってしまった。この時期から日本ではバブルが崩壊して、以後ずっと社会が閉塞状況に落ち込んだ。経済で中国に追いあげられ、二十一世紀には世界第二の経済大国の地位を奪われる。ソニー、パナソニックはサムスンの後塵《こうじん》を拝し、Ｊ－ＰＯＰはＫ－ＰＯＰにかなわない。そういった閉塞感が強まるなかで、中国、韓国に歴史問題で謝れとくり返しいわれると「いいかげんにしろ」という気持ちになってしまう。そういう傾向が強まってくる。

慰安婦問題で日本はアジア女性基金をつくり、多くの人が真剣にこの問題を考え、心からお詫びをしようと努力しました。しかし残念なことに、そういう気持ちや努力は韓国でほとんど評価されなかった。そこには反日感情を煽った韓国メディアの問題性がありました。そこから、日本国民の間には、「百パーセント満足のいくものではないかもしれないけれど、真摯に謝り、精一杯の誠意を示した。なのにゼロ回答か」という失望感が広がりました。さらに、「韓国に謝っても何もいいことはない。かえって居丈高な態度をとられるだけではないか」という怒りが出てきた。そうした感情を背景に、〝嫌韓〟を題材にした漫画や本が売れるようになった。

そうしたなかで、二〇〇七年に次の（第一と第三の山よりは小さな）山が来ます。慰安婦問題をナショナリスティックにとらえ、「日本の名誉にかかわる」と考える人たちの言動に、米国側が強く反撥したのです。

第一次安倍内閣は、二〇〇七年三月十六日に、質問主意書への回答として、政府の資料のなかには軍や官憲によるいわゆる強制連行を直接示すような記述は見当たらなかったという趣旨の閣議決定をしました。これは一般に「強制性」を認めたと解釈されている「河野談話」（一九九三年八月四日、政府の慰安婦関係調査結果を発表した際の河野洋平官房長官の談話）を否定するかのように受け止められ、米国からの批判を招きました。さらに、作曲家のすぎやまこういち氏やジャーナリストの櫻井よしこ氏などが「THE FACTS」と題して、慰安婦は公娼だったとする意見広告を『ワシントン・ポスト』に掲載しました。これは、米国の議会関係者、学者、ジャーナリストから強烈な反撥を招きました。おおむね親日的で安倍政権に好意的だった共和党系の人たちからも、批判がまきおこりました。

そして二〇一一年以降が第三の山です。この時期には主に二つの要素があります。ひとつは、韓国の憲法裁判所が二〇一一年八月に、慰安婦問題について韓国政府が日本と外交交渉して解決しようとしない不作為は、被害者らの基本的人権を侵害し、憲法違反であるとする決定を下したことです。これには韓国政府も内心困ったようです。というのは、この問題を日本政府と争っても、日本側は絶対に退かないだろうことを韓国政府は熟知しているからです。なぜなら、日本政府からみれば、そこで韓国政府に譲ったら、サンフランシスコ平和条約、東南アジア諸国との賠償協定、日韓基本条約と請求権協定、日中共同声明などによる戦後の法的処理が全部覆ってしまいかねないからです。でも、憲法裁判所に違憲だといわれると、韓国政府も国内法上、日本政府と交渉せざるを得ない。さらに二〇一三年二月に就任した朴槿恵《パククネ》大統領が韓国国内の強硬な世論を意識して、慰安婦問題における日本の譲歩を首脳会談開催の前提条件としたため、ますます日韓の対立が高まってしまった。

もうひとつ、同じ二〇一一年に韓国挺身隊問題対策協議会（挺対協《ていたいきょう》）がソウルの日本大使館前に慰安婦問題について日本を非難する慰安婦像を建て、さらに在米韓国人が同じような慰安婦像を米国各地に建てる運動を始めました。日本政府は撤去を求めたが、韓国政府は応じない。米国についても、日本の一部の人たちがいきり立って、そうした像の設置を認めた米国の市長などに厳重抗議に行く。抗議された側の米国では、「慰安婦＝許されざる性奴隷」というイメージが確立しており、韓国系住民の力も強いので、「日本は一体何を考えているのか」という反応が出てきた。加えて、日本では二〇一四年に『朝日新聞』をめぐる問題が起こります。自社の検証で慰安婦をめぐる過去の記事を取り消したのをきっかけに、『朝日』の慰安婦報道を中心に右派系の論者やメディアがここぞとばかりに叩きまくった。

いずれの時期にも、慰安婦問題は日韓問題として扱われています。でも、慰安婦には韓国人だけでなく、日本人も中国人、台湾人もインドネシア人やオランダ人、フィリピンの人もいました。日本は第二次大戦中、それまでインドネシアを支配していたオランダの軍人、民間人を強制収容したり、女性を強制的に慰安婦にしたりしたということがあって、オランダの見方は厳しかった。オランダではアジア女性基金による償いを多くの元慰安婦が受け取ったのですが、それでもオランダ政府は、日本政府がいうことに非常に神経を尖らせています。フィリピンは、アジア女性基金には協力的で、償いをスムーズに実施できたのですが、その時の日本の対応を覆してほしくないという気持ちから、オランダ同様、日本の動向を注視しています。この問題で日本の対応をみているのは、韓国だけではないのです。

強制連行が問題の核心？

江川　強制連行の有無にばかり目が向けられがちですが、慰安婦問題の本質はどこにあるのでしょうか。もう七十年以上も昔のことで、今の日本人がかかわったわけではないのに、今なお批判されつづけることに釈然としない、という思いをしている人も少なくないと思います。

大沼　慰安婦問題の「本質」といった言い方を、わたしは――他のいろいろな問題でも――しないし、一口に「慰安婦」といっても多様な実態があるのですが、あえて一言でいえば、中国侵略後、第二次大戦中に日本軍の管理下で性的奉仕を強いられた状態で一定期間生活をせざるを得なかった女性たちの問題といえるでしょうか。

「強制」についていえば、朝鮮半島からの徴募については、物理的な力をもって強制的に連行されたというケースは、これまでの実証研究をみる限り例外的だったようです。この点で、韓国で一般的に抱かれている慰安婦のイメージは正確でないといえるでしょう。ただ、慰安婦制度は韓国だけの問題ではありません。実際、インドネシアのオランダ人女性の場合は、インドネシアを占領した日本軍に強制収容所に入れられ、そこから強制的に慰安婦にさせられました。フィリピンでは、戦場となった村などで日本軍が女性を強姦《ごうかん》し、そのまま連れて行って慰安婦にした例が少なくない。中国でもそうしたケースがあったという研究がある。慰安婦にさせられたオランダ人の場合は、明らかに強制があったし、朝鮮半島でも、民間業者の背後には日本の官憲の存在があったというケースが多かったと考えられます。

強制性を認めた河野談話を取り消せ、という声もあるようですが、文書として引用される河野談話それ自体は「慰安婦の募集については、軍の要請を受けた業者が主としてこれに当たったが、その場合も、甘言、強圧による等、本人たちの意思に反して集められた事例が数多くあり、更に、官憲等が直接これに加担したこともあったことが明らかになった」としており、何ら問題ありません（発表時の記者会見における河野官房長官の口頭の説明に誤解を招く表現があったのは事実ですが）。河野談話については、国際社会でも日本が事実を潔く認めた、と評価されています。今さら取り消したりしたら、日本はずるい、潔くないという逆の評価がなされてしまう。

朝鮮半島では、甘言を弄《ろう》してだまして連れて行く、という事例が非常に多かったことがこれまでの調査研究で明らかになっている。民間業者が、看護婦さんやお手伝いさんとして働くのだと嘘《うそ》をいって連れて行って、彼女らが着いてみたらそこは「慰安所」で、性的奉仕を強要されたという形です。この場合、軍が直接強制連行したわけではないけれど、本人の意思に反して性的奉仕を強いたことは否定できない。軍の管理下に置かれ、逃げ出すことは不可能なわけですから、彼女たちはどうみても自由意思にもとづいてそういう環境にいたとはいえない。

元慰安婦のなかには訊かれるたびにかなり違ったことをいう人もいます。そこから、彼女らの証言はすべて信用できないという人もいますが、これは極端な揚げ足とりでしょう。人間ですから五十年前の出来事の記憶違いはあります。でも、今述べたような慰安婦制度に共通する多くの証言がアジア各地で聞かれる。この重みを否定することはできない。日本人として、こうした行為に日本が関与したことは、認めたくないことかもしれない。でも、そうした歴史の事実から目を背けるのは、自らを辱める行為であって、誇りある人間が取るべき態度ではない。慰安婦制度という忌むべき制度は存在し、わたしたちの親や祖父母の世代が犯してしまった罪であることは認めざるを得ない。そのことについて戦後の世代に直接の責任はない。しかし、戦前から続く日本という国家が関与した以上、その日本国の一員であるわたしたち国民が、戦後の世代だからといって、関係ない、といえるかどうか。

戦後の世代は、世界の約二百の国々のうちでもトップクラスの、豊かで平和で安全な日本という国家の一員として、日々の生活を営んでいます。経済不況が続く一九九〇年代以降でさえ、この基本的な事実は変わらない。そうした生活の基盤は、戦争を経験したわたしたちの両親、祖父母の世代が築いてくれたものです。その世代は、敗戦時に焼け野原になった日本を見事に復興させ、今日の豊かな日本の基礎を築いてくれた。

そうしたプラスの遺産は引き継ぐけれど、マイナスの遺産は関係ないというのは、フェアではない。プラスの遺産を引き継いでそのうえで生きているならマイナスも引き継ぎ、そのマイナスの部分をできるだけ減らして次の世代に遺していく。現在の世代で過去の問題が明らかになったからには、できるだけ現世代で解決して、次の世代にはすこしでもましな日本を遺すべきではないか。それがわたしの考えです。

果たすべき責任とは何か

江川　そのために、今の日本が果たすべき「責任」とは何なのでしょうか。「責任」といっても法的責任もあれば道義的責任もあります。

大沼　過去に生じた慰安婦問題に対して現在の日本に法的責任があるのか。これは非常に難しい問題で、法の専門家の間でも議論が分かれます。にもかかわらず、元慰安婦の支援をしてきた人たちの多くは、日本が法的責任を認めなければ問題の解決はないというかたくなな態度を取り続けた。これが問題の解決を困難にした一因でした。

日本は、第二次大戦と植民地支配にかかわる諸問題については、第2章でお話ししたようにサンフランシスコ平和条約、日韓基本条約と日韓請求権協定、日華平和条約と日中共同声明、東南アジア諸国との賠償・準賠償協定などで、法的には問題をひととおり解決した。これが日本政府の立場ですし、相手方諸国の政府も基本的にそれを認めてきた。

こうした「解決」がなされてきたので、元慰安婦の人たちが日本政府に謝罪と補償を求める裁判を起こしても勝てなかったのです。日本だけでなく米国でもそうです。法的責任を日本政府に認めさせようとしたら、どれだけ時間がかかるかわからない。時間をかけたとしても裁判で勝訴する可能性はきわめて低い。そして、裁判で争っている間に、被害者たちは亡くなってしまいます。

そもそも、慰安婦問題を先入観なしに考えたとき、「法的責任を問う」ことが最善の方法なのか、わたしは疑問に思います。加害者に裁判で法的な責任を認めさせて、内心はともかく、渋々損害賠償させることが、ほんとうによい解決といえるか。むしろ、害を加えた側が心から深く反省して、申し訳なかったと明確に謝罪して、被害者に精神的・物質的償いをするほうがよいのではないか。日本が法的責任を認めなければ問題の解決はないと言い続けてきた人たちは、法的責任を認めさせることのほうが道義的責任を認めさせることよりすぐれているという思い込みがあったのではないか。わたしは、法の研究者として、法の意義と限界、法の害悪を長年考えてきて、そう思います。

慰安婦問題に限らず、第二次大戦と植民地支配にかかわる諸問題について、日本は法的責任を認めないが、ドイツは認めた、ということもよくいわれますが、これは誤りです。ドイツが認めてきたのも道義的責任です（この点は第5章でお話しします）。ドイツも日本も、過去の罪について公に道義的責任を認めてきた。日本の総理大臣が元慰安婦の方々個々人に出

した お詫びの手紙も、内閣総理大臣という肩書きの下に橋本龍太郎総理以下歴代の総理が署名した立派な公の文書であって、日本はそこで明確に道義的責任を認めているのです。

韓国憲法裁判所の判決の意味

江川　法的には解決済みという日本政府の立場を韓国政府も認めていたはずなのに、なぜ、韓国の裁判所はそういう政府の対応を「憲法違反」と判断したのでしょうか。国と国とが話し合って決めたことを、司法があとからひっくり返すようなことがあっていいのですか。

大沼　国際関係において、他国との間に結んだ条約について自国の裁判所が違憲と判断したからといって、国家は一方的にその条約の効力を否定することはできません。ただ、多くの国は、「法の支配」の観点から、司法府に法律や条約が憲法に適合しているかを審査する権限を与えています。そのため、自分が結んだ条約を司法府から違憲と判断された国の政府は、条約の相手方の国の政府とその条約について交渉する必要が出てきます。

二〇一一年来、韓国の裁判所が下した判断の背景には、第二次大戦後、とくに一九八〇年代以降各国で民主化が進み、また人権の重要性の認識が飛躍的に高まった、という事情があります。戦前の国際法には人権法という分野はありませんでしたが、戦後、国際経済法、国際環境法とともに国際人権法が非常に重要になってきた。そのため、国際人権法の重要性が低かった時期におこなわれた講和や国交正常化では人権を侵害された個人の救済がなされていない、問題は解決していないという議論が有力になってきたのです。この動きは、韓国の民主化、中国での共産党権力への批判の噴出の動向ともある程度重なっています。

一九九一年の金学順さんのカミングアウト以降、韓国と日本の元慰安婦支援グループは、目的を共有する欧米のNGOとも協力関係を結び、さまざまな人権機関で非常に効果的に慰安婦問題を取り上げてきました。九〇年代以降、フェミニズムが勃興する世界的潮流のなかで、この運動は慰安婦問題についての確固たる国際世論をつくり上げることに成功します。

韓国の憲法裁判所の決定は、そういう流れのなかで出てきたものです。韓国の法学者のなかにさえ批判はあるし、韓国政府も内心困っただろうし、日本政府からみれば、日韓で長年にわたって積み上げてきたものをひっくり返す、とんでもない判決にみえるでしょう。しかし、二十世紀末から明らかになってきた人権の主流化、なかんずく女性の人権の主流化という観点からは、高い評価を受ける決定といえるでしょう。

わたしも、在日韓国・朝鮮人の差別撤廃や日本の戦後責任の問題に長年、市民運動の形でかかわってきたので、法を利用して個人の尊厳の回復を図ることはとても大事だと思います。その一方で、法学者としては、法を過去の問題に遡及《そきゅう》させて適用することにはきわめて慎重であるべきだと考えます。少なくとも刑事法の分野では、実行のときに適法だった行為を後に制定された法律を使って処罰することを禁じる「事後法の禁止」は、近代法のもっとも重要な原則のひとつです。

第二次大戦の戦争犯罪を裁く裁判では、ナチスによるユダヤ人大量殺戮（ホロコースト）をきっかけに「人道に対する（犯）罪」が生まれ、これについては過去の罪も裁くことができ、時効もない、ということになりました。これは「事後法の禁止」の特別な例外で、ホロコーストのようなジェノサイド（大量殺戮）のみに適用されると当初は考えられていました。ところが、その後適用範囲が拡大して、強姦、強制売春、性的奴隷などの行為も「人道に対する（犯）罪」として過去の行為についても遡って訴追できるという考え方が出てきた。

二〇〇〇年におこなわれた女性国際戦犯法廷では、そういう考え方にもとづいて、昭和天皇や日本政府を慰安婦問題について有罪とする判決を下しました。これは正式な裁判ではなく、民間がやった模擬法廷でしたが、被害者感情に応え、被害者に大きなカタルシス（心理的浄化）を与えたという意味では、おそらく大きな意味があったのだろうと思います。ただ、国家の裁判所が、実際に強制力のある権限行使として、過去に遡って法的救済を図ることは、仮に過去の行為の遡及処罰を含まなくとも、国家間の条約で完全に取り決めたことを覆してしまうわけですから、きわめて抑制的でなければならない。韓国の憲法裁判所の決定にはこの観点から疑問が提起され得るし、先に述べたように韓国の国内にも批判があります。

アジア女性基金の活動と意義

江川　慰安婦問題を解決するために、「女性のためのアジア平和国民基金」（アジア女性基金）がつくられました。これについては当時から賛否がありました。二十一世紀の今日も、意味がなかったという人もいる一方で、以前は批判的だったけれど、これがあったからこそ、日本も被害者に誠意をもって対応してきたと国際社会に向けていえる、と再評価する声もあります。なぜこの基金を立ち上げることになったのか、その経緯と意義について教えてください。

大沼　一九九四年にできた村山内閣は、自民党（河野洋平総裁）、社会党（村山富市委員長）、新党さきがけ（武村正義《たけむらまさよし》代表）の連立政権でした。自民党のほうが議席数は多かったが、首相（村山）と官房長官（五十嵐広三）は社会党。一九九五年が戦後五十年という年だったので、積み残されていた戦後責任の諸問題を解決したいという気持ちが、五十嵐官房長官をはじめ社会党議員には強かった。わたしは、一九八〇年代からサハリン残留朝鮮人の韓国帰還運動のなかで、五十嵐議員とはいわば同志のような関係でした。五十嵐議員と参議院議長を務めた自民党の原文兵衛議員（九五年からアジア女性基金理事長）が熱心に取り組んだことで、サハリン残留朝鮮人問題は解決に向けて大きく動いたのです。

その五十嵐さんが、内閣官房長官として慰安婦問題を解決したいという。わたしは途方もなく難しい問題だとは思ったが、戦後責任にかかわる問題は政府と国民が一体となって解決すべきだというのが持論でしたから、五十嵐さんにそう申し上げました。外務省や大蔵省の幹部にも、「この問題は日本の名誉にかかわる問題だから、大沼先生、何としてでも解決しましょう」といってくれる人もいたけれど、官僚機構全体としては、抵抗は非常に強かった。すでに平和条約や国交正常化条約等で解決済みだから、政府としては事務局をつくるまでしか面倒はみない、あとは国民募金で金を集めてください、という対応でした。

それを五十嵐官房長官が、古川《ふるかわ》貞二郎《ていじろう》官房副長官の助言も得て何とか説きふせ、最終的に①国民からの拠金による償い金、②総理のお詫びの手紙、③歴史の教訓とするための事業を国がおこなうこと、④国による医療福祉事業という四本柱を確保してくれた。わたしは最初の三本柱の案が五十嵐長官から提示されたときは、「これだけでは被害者の方々も支援団体も説得できない」と、協力をお断りしたのですが、四本目の医療福祉事業を五十嵐長官が確保したとき、「ここまで五十嵐さんが力を尽くしてくださって、事実上国家補償といえるところまでとれた。この好機は二度とめぐってこない」と考え、アジア女性基金をつくって力を尽くそうと思ったわけです。
この医療福祉事業の意味は非常に大きいものです。すでに高齢の元慰安婦たちが医療や介護のサービスを受けるためという意味づけで、韓国と台湾とオランダの被害者にはひとり三百万円、フィリピンにはひとり百二十万円が国庫から支払われることになりました（フィリピンが低いのは物価水準の違いによる）。これによって基金の事業は実質的な国家補償という性格をもつことになった。女性基金は民間の事業だと批判する人がいますが、これは正当な評価とはいえません。

第一に、被害者への「償い金」（ひとりあたり二百万円）は国民からの拠金によるものですが、万一これが不足した場合は政府が国庫から補塡《ほてん》することが、橋本首相と原文兵衛基金理事長との話し合いで決められていました。第二に、ドイツはナチス・ドイツによる強制労働の被害者への補償として「記憶・責任・未来」基金をつくりました。これは日本でも国際社会でも高い評価を受けているのですが、被害者ひとりあたりの補償額は最高で八十万円くらいですし、受け取ったらドイツ政府や企業に謝罪と補償を求めるような裁判はできません（ただし、この点については解釈は分かれるようです）。

女性基金の場合は、償いを実施する過程で被害者から「償いは受け取りたいけれど、裁判に訴える権利は奪われたくない」という声が出ました。政府は当初こうした被害者の声に応えることに消極的でした。しかし基金による償いは道義的責任にもとづいてやっているのであって、法的な問題とは別だというのは政府自身いっていることではないか、と官僚たちと議論を重ねました。政府も最終的に基金の主張を受け入れて、償いを受け取っても裁判をすることはできるという文書を被害者の方々に手渡しました。この点においてアジア女性基金による償いは、ドイツの基金より被害者の立場に寄り添ったものだったと思います。

「国家補償」にこだわる支援団体の罪

江川　各国で、償い事業はどのように進んだのですか。

大沼　最初に償いを実施したのはフィリピンです。フィリピンでも、最初は元慰安婦の支援団体が国家補償ではないと批判して反対しました。けれども、慰安婦のなかから償いを受け入れたいという人が出てきました。フィリピンの支援団体のなかでは議論があったようですが、肝心の被害者たちがそういうなら協力すべきだという人が多数を占めました。フィリピン政府も協力的で、事業は比較的順調に進みました。

フィリピンで最初に名乗り出たロサ・ヘンソンさんは、償いを受け取ったときの記者会見で総理の手紙を掲げて「今まで不可能だと思っていた夢が実現しました。大変幸せです」と話しています。記者から「これで許すのか」と問われたヘンソンさんは、「許します。そうしなければ神様がわたしを許してくれない」と答えました。

オランダでは、被害者を支援してきたNGOの理解があり、かなり早い段階から元慰安婦ひとりひとりの意思を尊重するということが決まり、支援団体が窓口になって総理のお詫びと医療福祉金をお渡しできました。オランダの場合、国民の方々からの償い金をお渡しできなかったのは非常に残念ですが、その一方、総理のお詫びの手紙を被害者が高く評価してくれた。支援団体の理解と総理のお詫びの手紙が、オランダでの償いが順調に進んだ大きな要因でした。

韓国でも償いを受け取りたいという元慰安婦は多数いました。まず七人の被害者がそうした意思を明確に示したので、償い金、総理の手紙、さらに医療福祉金をお渡ししました。実際に渡した金平輝子《かねひらてるこ》理事は、「まず、総理の手紙をお渡ししたとき、受け取られたハルモニの目から、涙があふれました。「これが総理の手紙か」と、じっと見つめておられました」と報告しています。一九九七年一月十一日のことです。

ところが、もっとも有力な支援団体である挺対協などがこれに猛反撥しました。「被害者の尊厳の回復は、日本政府が法的責任を認めたうえで国家補償によりなされなければならない。国民参加の補償というのはごまかしだ」というのがその主張でした。挺対協の指導者は、

「日本から償い金を受け取ったら、被害者は志願していった公娼となる」とまでいって、償いを受け取らないよう被害者たちに強い圧力をかけました。韓国メディアはそれを大々的に報道しました。

そもそも当時――二十一世紀の今日でもそうですが――、アジア女性基金の理念も形も、韓国では正しく報道されていませんでした（これは残念ですが日本でもそうです）。そのため、一部の元慰安婦は当初から基金による償いに反対の意向を示しており、韓国の支援団体とメディアは、そういった元慰安婦を前面に立てて反日本政府・反アジア女性基金のキャンペーンをくり広げました。このように日本からの償いを受けるなという声が韓国国内で強かったので、七人の方々を守るため名前は明かさず、事前に公にしないでお渡ししました。ただ、韓国政府と韓国国民には伝えるべきだろうと、事後に明らかにしたのですが、「われわれを出し抜いて秘密裡に渡すとはけしからん」という非難が一斉に湧き起こって、すさまじい状況になりました。当時の金泳三《キムヨンサム》政権は、基金立ち上げ当初は日本が償いをやるのは結構なことですといっていたのに、韓国国内の世論をみて態度が変わってきて、「やめてくれ」と言い出して、状況はさらに悪化しました。

それでも、その後も五十名を超える被害者が、償いを受け入れたいという意思を示しました。基金は元慰安婦たちのためにやっているのであって、韓国政府のためにやっているわけではありませんから、そうした方々の希望に応えて償いを実施しました。ただ、このような状況だったので、受け取る人たちは挺対協やメディアからの激しいバッシングを避けるため、償いを受け取ることを公表しないことを強く求め、基金もそれは絶対に守ろうとしました。そのため、韓国での償いについては、人数も発表してきませんでした。人数を明らかにすれば、「誰が受け取ったのか」という「犯人捜し」が始まるからです。その後ようやく二〇一四年に、六十一人という人数だけは表に出しました。

基金の償いがおこなわれた当時、韓国政府が認定していた被害者は二百人強でしたから、三分の一弱です。すさまじいバッシングがなされた状況で、それだけの方が償いの実施を求め、受け取ったのです。そうした社会的圧力がなければ、大半の元慰安婦が日本からの償いを受け取れたのではないか。そう思うと、今でも自分たちの非力が情ない。

台湾にも、台北市婦女救援社会福利事業基金会（婦援会）という韓国の挺対協と同じくらい強硬な支援組織があって、女性基金に反対の姿勢を崩しませんでした。この団体は、台湾政府の元慰安婦に対する生活支援金の支払い窓口になっていたため、ここににらまれたら彼女らは生活できなくなってしまう。だから、台湾でも償いを受け入れたい被害者たちは内密に受け取ることを求め、基金はそれを尊重しました。こうした状況のなか、台湾では頼浩敏《ラウハウミン》さんという、日本に留学経験のある弁護士が「被害者の意思が第一だ」といって協力してくれた。こうして、基金は彼の事務所を拠点として償いを実施することができた。ほかにも、被害者に寄り添って償いの実施に協力してくれる人がいました。

朝鮮半島と同じく日本の植民地支配下にあった台湾では、慰安婦問題以外にもさまざまな被害があって、そのなかには未解決の問題も少なくない。ただ、韓国と違って、国際社会では国家として認められておらず、メディアの関心も韓国よりずっと低いので、日本でも国際社会でもほとんど知られていない。全体としては親日的な台湾でも、植民地支配に伴う問題が残っていることは、日本国民としてもっと知っておくべきでしょう。

アジア女性基金が償いの対象として考えた最後のケースはインドネシアの元慰安婦ですが、インドネシア政府が被害者の特定に消極的で、個々人への償いは実施できませんでした。結局、インドネシア政府の要請に従って、各地に老人福祉のアパートを建て、元慰安婦を優先的に入居させるという生活基盤補償になりました。わたしも四カ所ほどアパートを回って入居している元慰安婦の方々と会いました。一般のインドネシア人の生活水準からみれば立派な施設でしたが、やはり個々人への償いができなかったことは心にひっかかっています。

江川　受け取った方々の反応はどうでしたか。

大沼　さまざまです。字が読める方々の多くは、総理大臣のお詫びの手紙はほんとうにうれしかった、ありがたかったといってくれました。部屋に飾っている人もいました。他方でわたしが強く印象に残っているのは、「総理からの手紙はどうでしたか?」と聞いても、「はあ?」という反応しか返ってこなかった方です。むろん手紙は届いているのですけど、本人は全然覚えていない。でも償い金については、「お金をいっぱいもらってありがたかった。あれで家を建て、孫たちにも、わたしを馬鹿にしていた親戚《しんせき》にもお小遣いをあげた」と喜んでいました。わたしはそのときは「あれほど苦労したお詫びの手紙なのに」と内心がっかりしましたが、後に気づかされました。人間というのはほんとうに多様なんだ、と。総理の手紙を評価してもらえるだろうというのは、こちらの勝手な思い込み、思い上がりであって、そうでない人もいる。いてあたりまえなんだと、つくづく思いました。

このように元慰安婦の方々は、決して一様ではありません。日本でも韓国でもほかの国々でも、最初に名乗り出た金学順さんや、韓国の日本大使館前で日本批判のデモの先頭に立つ元慰安婦のイメージが強いかもしれない。でも、金さんのように自分のことをしっかり語れる人ばかりではありません。むしろ、彼女は例外的な存在といっていい。農村の貧しい家の出身で、読み書きのできない女性も少なくありません。

「慰安婦」という言い方はごまかしだ、として"sex slave"(性奴隷)と呼ぶべきだという人たちがいます。欧米の主要メディアがこのことばを使っていることもあって、海外ではかなり流布している呼び方です。けれども被害者のなかには、そういう呼び方は絶対に嫌だ、それはセカンド・レイプに等しい、という方が少なくありません。支援団体と一緒にテレビに出たり、世界各地で集会に出てしゃべったりしている少数の方を除けば、むしろそういう被害者のほうが多いのではないか。なのに、主要な支援団体はそのことを認めてこなかったし、マスメディアもそういう声を報じてこなかった。

基金の理事のなかでも、大鷹淑子《おおたかよしこ》（＝山口淑子）さんは亡くなるまで、韓国の元慰安婦と強い絆《きずな》を持ち続けていました。そのなかに、挺対協の広告塔的な役割を担わされていた元慰安婦の方がいました。昔、李香蘭《りこうらん》時代のロケの現場をみたことがあるということで、その話をきっかけに親しくなったそうです。その方は、足が悪いから行きたくないのに、挺対協のデモに行かされるのは嫌でたまらないなどと電話でグチをいったり、悩みを相談したりして、それを大鷹さんが慰め、相談に乗る、ずっとそういう関係にありました。

わたしはたまたま韓国に行く予定があったとき、その彼女が落ち込んでいると大鷹さんから聞いたので、大鷹さんに手紙とお土産をわたしに預けてくださいといって、それをもってソウルで彼女と接触しました。「家に来られてそれが挺対協に知れたら大変なことになるから、絶対に来ないでくれ」とのことだったので、ホテルに来ていただいて、三時間くらい話を聞きました。

彼女は、慰安所にいるときに重い病気にかかった話をしてくれました。日本軍の軍医が一所懸命治療をしてくれたというのですが、そのとき彼女がいったことが忘れられない。「大沼先生ね、わたしを地獄に連れてったのは日本人だった。でも地獄から救ってくれたのも、日本人だったよ」と。

フィリピンの元慰安婦の方々からも、さまざまな話を聞きました。先に話した、総理のお詫びの手紙のことを何ひとつ憶えていなかった方は、そのひとりです。インドネシアでは、戦後インドネシアにとどまった日本兵と結婚した元慰安婦の方が、その夫の墓参りに長らく行っていないというので、密林のなかにあるお墓に往復五時間かけて一緒に行きました。大事にしまってあった一張羅《いっちょうら》の洋服を着て、それはそれは喜んでくれました。

日本が犯してしまった罪にかかわるひとりひとりの人生には、当然のことですが、さまざまな襞《ひだ》があります。決して、一本調子、一面的なものではありません。同じ人でも、時期によって、気持ちが変わることもある。そこを汲《く》み取りながら、寄り添っていくことが大事なんだと思います。

「新しい公共」から考える

江川　アジア女性基金は、国庫から医療福祉事業をおこなう一方で、国民の拠金を償い金としました。これは、国だけのお金でやるわけにはいかなかったという事情はあるにせよ、国家賠償でもなく、民間企業がお金を出すだけでもない、二十一世紀型「新しい公共」の理念にも相通じる公的な活動だったと思います。今は、福祉などの公的な分野も、国の対応を待っていては問題が放置されてしまうからと、若い社会事業家が起業して解決に乗り出している時代です。基金の生みの親である大沼先生は、この仕組みにどういう思いを込めていたのでしょうか。

大沼　アジア女性基金は、メディアなどからずっと「民間」基金といわれてきました。でもそうではなくて、「国民」基金なのです。正式名称自体、この理念を表して「女性のためのアジア平和国民基金」と名付けられている。では「国民」とは何か。

わたしは、よく選挙の話をたとえに出してきました。人は、近所のコンビニで買い物をするときは「民間人」として買い物をする。でも国会議員の選挙には、「民間人」として行くのではなく、「日本国民」として行くわけです。あなたが政府の一員ではないからといって、その行動がすべて「民間人」としてなされるわけではありません。それなのに、ほとんどのメディアは、「官」と「民」というありきたりの二分法にとらわれて、政府の組織でないから「民間」だと決めつけてきた。残念なことです。

高齢者の介護などの福祉サービスは社会構成員全体にかかわる公的な問題ですが、そのすべてを政府がやると非効率で予算も莫大になってしまう。そこで民間の事業者がおこなうけれど、一定の公的な監督の下に補助金を出すなどの仕組みを工夫して、「民間」が公的な役割を担う。人権とか環境とか、社会にとって必要だけれど、政府の官僚機構に任せっぱなしにしておくと弊害があるという分野では、市民社会の構成員がさまざまな知恵や労力を出し合って社会的・公共的役割を担う。そういう領域は広がっています。新しい公共の担い手が政府と役割を分担していくのが、二十一世紀の社会のあり方でしょう。慰安婦問題もそうして解決していこうと考えた。それがアジア女性基金でした。

事務局は政府の予算で運営され、医療福祉事業のほか、女性の人権の啓発活動や人権NGOへの補助——慰安婦問題を歴史の教訓とする取り組み——などは国費でおこなう。その一方で、国民からは約六億円の拠金が寄せられ、それを償い金にあてて被害者に渡しました。国民からはお金だけでなく、たくさんのお詫びの手紙が添えられていました。軍人恩給のなかからお金を送られた方もいましたし、戦争を知らない世代からも、自衛官からもありました。心打たれる手紙も少なくなく、基金はこれを韓国語など各国のことばに訳して、文字を読める被害者にお渡ししました。オランダのある元慰安婦は償いを受け取るのに消極的でしたが、日本国民からのお詫びの手紙を読んで償いを受け入れる気になったと聞いています。こうしたことを含めて、アジア女性基金は、二十一世紀の公共の担い手のあり方を先駆的に示したものだったとわたしは思っています。

慰安婦問題と「歴史認識」

江川 ただ、それがなかなか伝わっていないもどかしさも感じます。世界はおろか、韓国の人々にも伝わっていないでしょうし、日本国民のなかにも伝わらないまま、「歴史認識」の対立が生まれています。また、日本が誤解されているという不満も広がっています。今の状況をどうみるべきか、そして日本はどうすべきだと思いますか。

大沼 この問題では、過去に比べてよくなっている面と、逆に危惧される状況と、両方あります。日本についていえば、一九九五年ごろは、ほとんどの支援団体が裁判で勝てる、あるいは特別立法がなされて国家補償がおこなわれるという非現実的、空想的といっていい議論をしていました。メディアもそれに引きずられて、観念的な国家補償論や法的責任論を論じる傾向が強かった。それが、裁判では敗訴続き、民主党政権下でも特別立法はできないという現実に直面し、その一方で国民・市民を含む新しい公共理念への理解も進み、人々は慰安婦問題について以前よりはるかに多面的で、問題の核心を突く見方ができるようになってきた。かつてはアジア女性基金に批判的だった人も、その意義を高く評価するようになってきた。二十年前に比べて、この点に関しては日本の市民社会は明らかに成熟を示していると思う。

その一方で、『朝日新聞』をはじめとする「進歩的」メディアが自分たちの「正義」をふりかざして一方的で偏った報道をしてきたことについて、九〇年代から日本国民の不満が溜まってきていたように思います。その不満や批判はある程度は正当なものだと思いますが、それが行き過ぎて感情的な嫌韓、反中の論調が雑誌やウェブ上で展開されるようになってしまった。自分に都合のいい事実だけを集め、きわめて煽情的な見出しで記事を書く。聞くに堪えないような低劣な表現で韓国や中国への非難をくり返す。本来は正当な根拠をもっていた不満や怒りが、汚ならしい、偏見に充ち満ちたことばで発信されてしまっている。歴史の事実を認めようとしない言説も、かつて以上に広範に出回っているという印象もあります。身近に戦争を知る世代がいなくなってきたこともあり、若い世代がそういうものを簡単に信じてしまいがちになっているのかもしれない。

韓国はどうか。二十一世紀になって韓国は慰安婦問題についてますます強硬になっている印象ですが、別に全国民一丸となって強硬姿勢を取っているわけではありません。たとえば世宗《セジョン》大学の朴裕河《パクユハ》教授。朴さんは『和解のために』と『帝国の慰安婦』という本を公にして、アジア女性基金による償いを高く評価し、韓国の側における冷静な議論と自己批判の必要性を強調している。それを冷静に受け止めた書評も韓国の新聞に掲載されました。

一九九〇年代後半、韓国で慰安婦問題をめぐって極端な反日論調が燃え上がったとき、わたしは権五琦《クォンオギ》さんという、『東亜日報』の社長や副首相も務めた旧知の韓国ジャーナリストに、「韓国メディアはもっと冷静に問題を扱い、償いを受け入れたいという元慰安婦自身の意思を尊重するよう、権さんが書いてほしい。権さんのような韓国国民から尊敬されているジャーナリストの重鎮が書けば、メディアの論調もすこしは変わるでしょう」と懇願したことがあります。けれども、「これだけ反対世論が激しくなってしまうと、わたしにもどうしようもありません」と断られてしまった。権五琦さんでもダメなのか……という絶望感を、今も鮮明に覚えています。それだけに、朴さんの本には、韓国にも勇気のある人が出てきたという思い、韓国もすこし変わるかもしれないという希望を感じました。

しかし、朴さんは『帝国の慰安婦』の叙述をめぐって訴えられ、民事だけでなく刑事告訴までされてしまった。この問題に対する朴槿恵政権の姿勢も韓国メディアの態度も、九〇年代よりさらにかたくなになっている面もみられる。韓国国民にも、日本の植民地支配や戦争を知る世代が少なくなって、かえって観念的でナショナリスティックな反日論が増えているように感じます。これは、日本で歴史的事実を無視した観念的な嫌韓論がネットや一部の雑誌、書物ではびこっているのと、ちょうど合わせ鏡のような関係にあります。

そもそも、あらゆる元慰安婦や彼女たちを取り巻く支援団体、日韓両政府や学者やメディア、多様な日韓両国民、さらに国際社会をすべて満足させる「真の解決」といったものはあり得ないのです。日韓両政府が交渉を重ね、お互い譲り合って政府間の解決に合意することは、数少なくなってしまった生存している元慰安婦のためにも、日韓の友好的な関係のためにも、もちろん大切なことです。しかしそれでも、そうした「解決」を激しく非難する人は、日本にも韓国にも必ず残るでしょう。

また、慰安婦問題をもっぱら日韓関係の枠組みのなかで考えることも、本来おかしな話なのです。それはひとつには、前にもお話ししたように、元慰安婦は韓国だけでなく、日本にもインドネシアにも、中国にもフィリピンにも、台湾にもオランダにもいるからです。もうひとつは、慰安婦問題とは、何よりも戦時中の日本人が犯した罪を、戦後の日本国民がどのように受け止め、どのような姿勢で向かい合い、次の世代にすこしでもましな日本を手渡していけるか、という問題だと思うのです。つまり、問題は韓国を満足させられるかどうかということよりも、慰安婦制度とその犠牲者に対する日本自身の問題なのです。

そのように考えると、わたしたちが取るべき態度もみえてくるのではないか。思い込みの強い極論を除けば、慰安婦にされた人たちの多くが、だまされるか強制によって性的奉仕を強いられたことは、学問的にほぼ実証されている。強制はなかったとか慰安婦は公娼だったと言い募ることは、日本でも諸外国でもほぼ実証されている学問的成果を真っ向から否定することになる。それは恥ずべき態度であり、日本の国際的評価も傷つけるものである。そうではなくて、過去にはたしかに悪いことをしたけれど、現在の日本は心から反省している、という日本国民の考え、そして態度をしっかり示すことです。

実際に、韓国や諸外国には十分伝わっていないけれど、日本の政府と国民はそういう態度を示してきたのです。第一に、元慰安婦の方々に宛てられた総理のお詫びの手紙とアジア女性基金が国民に償いを訴えかけた呼びかけ文をぜひ読んでほしい（巻末資料参照）。総理の手紙は、たとえば戦時中に強制収容された日系アメリカ人に対する米国大統領の手紙と比べてみれば、その意味がよくわかります。そっけない大統領の手紙に比べてすこしは中身のある手紙です。基金から償いを受け入れた元慰安婦の方々も、フィリピンのロサ・ヘンソンさんをはじめ、多くの方が心から喜び、評価してくださったものです。

閣議決定がないから公文書じゃないなどと非難したNGOや学者もいましたが、内閣総理大臣という肩書きをつけて総理大臣が署名したものを、ひとりひとりの被害者に渡したのです。しかも、村山内閣が退陣したあとも村山談話が継承されたのと同じように、総理の手紙はその後の橋本龍太郎、さらに小渕恵三、森喜朗、小泉純一郎という自民・公明政権の総理大臣が署名をして被害者の方々にお渡ししてきたのです。英仏をはじめとするヨーロッパの国々は、日本と同じように植民地支配と帝国主義的な外交・戦争という過去の罪を背負っていますが、ここまでやった国はまずありません。

また、基金の呼びかけ文は、元慰安婦の方々への償いを単に政府にまかせるのではなく、日本国民がひとりひとりの問題として受け止め、自らの責任において参画すべきではないかと訴えたものです。実際にその訴えに応じて非常に多くの国民が償いに参画しました（償い金の募金活動は、官庁、地方公共団体、民間企業、自衛隊、警察、労組、学校、病院、街頭、海外の日本大使館とそれを通じた海外進出企業の職場など、多様な形でおこなわれたため、拠金者の実数は算出できないが、数十万規模だったのではないかと思われる）。これも、植民地支配、違法な戦争をおこなった欧米先進国はやってこなかったことだと思います。

韓国の人に総理の手紙と呼びかけ文をみせると、ほとんどの人がびっくりして、「なんでこれだけのものにあれほど反対したんだろう」といいます。こうしたものが出ていたことを知らず、したがって読んだこともないわけですね。米国その他の日本研究者やジャーナリストも、こうした基本文書も読まず、償い事業の活動も知らずに批判的なコメントや報道をしている人がほとんどです。

日本がおこなった償いの理念と実際の活動がほとんど知られていないのは、ひとつには日本政府とアジア女性基金の広報能力の低さ、その努力が足りなかったためです。この点、当時の日本政府とアジア女性基金関係者は、わたしを含めて、責任を免れない。ただ、政府と基金が詳細な広報を控えざるを得なかった最大の理由は、韓国で活動の実態が明るみに出れば、まちがいなく激しいバッシングにさらされるだろう元慰安婦たちを守るためでした。前にお話ししたように、韓国の元慰安婦たちは、日本の償いを受け取れば「裏切り者」として支援団体とメディアから指弾され、韓国社会で生きていけなくなってしまう、といって内密に総理のお詫びの手紙、償い金、医療福祉金を受け取ることを強く希望しました。基金はその希望に従って償いを実施したのです。受け取った人たちの名前はもちろん、人数さえ二〇一四年まで明らかにしなかったのは、そのためです。

しかし、基金がおこなった償いは、限界は多々あったにせよ、十分世界に誇り得ることだったと信じています。二十一世紀になって、韓国国内でも、基金の理念と実際の行動がすこしずつ知られるようになると、それを評価する声も出てきています。まだまだ少数派ではありますが……。

「解決」とは何か

江川　今後、日本はこの問題に対して、どのように対応していくのが望ましいと思いますか。そもそも、どういう状態が「解決」といえるのでしょうか。

大沼　先ほどお話ししたように、どこかに唯一絶対の正解があるわけではありません。一体誰にとっての「解決」なのかを考えなければなりません。まずは被害者にとっての「解決」が必要でしょう。第二に、日韓の間でこれだけ大きな政治問題になってしまった以上、日韓という国家間の「解決」も考えなければなりません。三番目に、この問題で日本の国際的な名誉が傷ついたことは確かですから、それを払拭していくことも必要でしょう。このように一応分けて考えるべきだし、それぞれ絶対の「解決」はないにしても、日韓の政府ができること、なすべきことはあるでしょうね。日韓双方のメディアとNGOがそれを理解し、協力しないと、また失敗することになりかねませんが。

一言で「被害者」といっても、ひとりひとり個性も考えも違うし、慰安婦になった経緯やそこでの体験、その後の生活も多様ですから、すべての人が満足する「解決」というのは難しい。このことはくり返しお話ししてきましたが、おそらくほとんどの被害者が評価してくれるのは、日本政府が思いきった、象徴的な行動を取ることでしょうね。わたしは以前から、日本の首相が元慰安婦のところに行き、深々と頭を下げてその手を握り、その様子がメディアを通して広く伝えられれば、元慰安婦の方々の多くの満足も得られるし、韓国国内でも国際社会でも、慰安婦問題で傷ついた日本の名誉は大きく回復される、といってきました。ただこれは、残念ながら実現可能性は非常に低いでしょう。

　そこまでの行動は期待できないとしても、これまで韓国国内で反撥が強かったため基金による償いを受け取らずにいる元慰安婦も、少数ですがまだ生きています。そういった方々に総理のお詫びの手紙と償い金、医療福祉金とを合わせて渡すことも考えられる。こうした形でどのくらいの元慰安婦が満足してくれるか、疑問は残りますし、この問題に関する日本の国際的評判が劇的に改善するとは思えませんが。

　アジア女性基金に協力して韓国国内で償いの活動に従事した日本のNGOと何人かの人たちは、アジア女性基金が解散したあとも、韓国、フィリピン、台湾で、一定程度日本政府の資金援助を受けて、元慰安婦たちへのケアを続けてきました。わたしは以前から、慰安婦問題の重要な一側面は老人介護の問題なのだ、といってきました。こうしたケアの仕組みと予算を充実させることも、ほとんどのメディアでは報道されない地道なことだけれども、「慰安婦問題の解決」の大切な一部分だと思います。

第5章　二十一世紀世界と「歴史認識」

総理のお詫びの手紙を手にするロサ・ヘンソンさん（左）ともうひとりの元慰安婦（アジア女性基金デジタル記念館）

十九世紀までの戦争観と植民地観

江川　戦争や植民地支配が違法とされず、倫理的にも非難されない時代もありました。戦争について、かつての国際法や国際社会が共有する倫理・価値観はどのようなものだったのでしょうか。

大沼　人類の歴史は戦争の歴史でもあり、問題は古代からずっと続いているのですが、現代のわたしたちに直接関係する近代の事情に限ってお話しします。

十七世紀から十八世紀頃のヨーロッパでは、戦争にも正義が必要であるという「正戦論」が支配的ではありましたが、実際の戦争というのは、正義を体現したほうが勝つとは限らない。結局は、勝者が正義だったと事後的に正当化する論理になってしまいました。植民地支配のために現地の人々を武力で制圧することも、「野蛮人をキリスト教化する」などの論理で正当化されていました。

十九世紀になると、ヨーロッパ社会でキリスト教の権威が低下してきます。科学の発展によって聖書の記述にもまちがいがあると指摘されるようになったこともあって、世俗化が進んだわけです。宗教的価値観が衰えてくるに従って正戦論も廃れ、他方、国家を絶対視する傾向が強まる。戦争は戦時国際法の許容する範囲で国家が自由にできるという考えが強まっていった。戦争はいわば国家間の決闘であって、決闘を規律する手続き法は必要だが、それ以上の倫理や正義は求めない。戦争そのものは違法ではなく、戦争が起きることを前提に、非戦闘員を殺してはいけない、捕虜を虐待するな、中立国の船を攻撃してはいけない、といったルールを提供するのが国際法の役割でした。戦争を違法化しようという動きが出るのは、第一次大戦後のことです。

江川　植民地支配についてはどうですか。

大沼　ヨーロッパ諸国が世界のさまざまな地域に侵出して植民地化していった歴史は、十五世紀に始まります。個人的な名誉欲と物欲、イスラーム教徒と対抗するための同盟者を求め、さらにキリスト教の布教という使命感をもった混成集団が、アフリカ、中南米、アジアへと出ていったわけです。ポルトガルの「航海王子」エンリケがアフリカ西岸への探検を援助し、一四九二年にクリストーバル・コロン（コロンブス）が「新大陸」を「発見」し、一四九八年にはヴァスコ・ダ・ガマが「インド航路」を「発見」する。スペイン、ポルトガルの両国が中南米諸国を植民地化し、強制労働や物質的な搾取がおこなわれた。

一方で、キリスト教の宣教師たちが布教に行って、あまりに非人道的な状況を目の当たりにして、声をあげはじめる。その代表がバルトロメ・デ・ラス・カサス。彼は、スペイン人の支配者による搾取と現地の人々の殺戮が日常化している実態を報告書にまとめ、そのような虐待はやめさせるべきだと王室に訴えます。十六世紀の前半にスペイン国内で大論争になり、最終的には、キリスト教の精神に則《のっと》って、現地人を酷使してはいけないという新法がつくられた。でも実際にはそうした法令は実効的でなく、すさまじい支配と搾取が続いた。

スペイン、ポルトガルに続いて、オランダ、英、仏、ベルギー、ドイツ、ロシア、さらに米国も世界各地を植民地化した。こうした国々には植民地支配が悪であるという観念はほとんどなかったし、そういう国々がつくり運用した国際法も、植民地支配を認め、むしろその道具として機能した。十九世紀後半には、欧米の白人の間で、自分たちのすぐれた文明をアジアやアフリカの「未開」「野蛮な民族」にもたらす尊い義務がある、という考えが流布します。「文明（化）の使命」「白人の責務」ということばが流行し、植民地支配はむしろ倫理的に正しいこと、聖なる責務とされました。

日本が日清戦争に勝って台湾を植民地支配したのが一八九五年、李氏朝鮮に強い圧力を加え最終的に植民地化したのが一九一〇年です。当時は、欧米列強もアフリカをはじめ世界各地を大々的に植民地化していた時代ですから、日本の行為が倫理的・法的に非難されることはなかった。このように、第一次大戦以前の国際法は植民地支配を違法なものとしておらず、欧米列強も日本も、植民地では人種的・民族的偏見にもとづく差別的な支配をおこなっていたわけです。

江川　世界的におこなわれたヨーロッパによる植民地支配のなかでも、アジアは他地域に比べ、植民地化が比較的遅かったわけでしょうか。

大沼　中南米とアフリカ、南太平洋の島嶼《とうしょ》には、ヨーロッパの列強に対抗できる強大な国家組織がほとんどなかったのです。アメリカ大陸にはインカ帝国などはあったのですが、内戦や伝染病の蔓延などで弱体化し、比較的少数のスペインやポルトガルの軍事力によって支配されてしまった。他方アジアには、中国の明・清朝、インドのムガル帝国、トルコを中心とするオスマン帝国など、ヨーロッパの諸国よりはるかに強大な王朝国家が存在していた。そのため、ヨーロッパ列強は当初はこうしたアジアの強大な王朝国家のルールに従って貿易をやらせてもらっていたのです。

ところが、十八世紀から十九世紀には、ヨーロッパ列強とアジアの諸王朝との力関係が逆転する。オスマン帝国はかろうじて独立は保つけれど、十七世紀末にはヨーロッパ列強に従属する地位に転落し、ムガル帝国も十九世紀には大英帝国に植民地化されてしまう。最後まで残った中国の清朝も衰退期にさしかかっており、英国とのアヘン戦争(一八四〇〜四二年)以来ヨーロッパ列強との戦争に敗れ、十九世紀末には完全に没落する。ちょうどその時期に日本は米国のペリーが率いた艦隊の圧力の下に「開国」し、欧化政策をとって、それまでの中国を中心とした東アジア文明圏から欧米中心の国際社会の体制に乗り換えます。そして、欧米列強をお手本として、台湾と朝鮮を植民地化するわけです。

第一次世界大戦と戦争の違法化

江川　その後の第一次大戦で、それまでの戦争観は変わりましたか。

大沼　十九世紀から二十世紀初頭の欧米中心的な国際社会で、戦争は国家政策のひとつと考えられていました。外交の延長線上に戦争があり、外交と戦争を組み合わせて国家利益を実現するというのが、ヨーロッパの古典的な国際関係観だったわけです。第一次大戦勃発の時点で、ヨーロッパの指導者たちはそう考え、適当なところで外交交渉から講和となって終わるだろうと考えていたといわれています。ところが、科学技術の進歩のおかげで兵器の殺傷能力が高まり、戦車、毒ガスも使われ、また軍隊だけでなく国民も総動員される総力戦となって、それまでの戦争とはまったく違う大規模な殺戮戦になってしまった。肉親や親戚、友人が殺されたという人の数も桁違いに多くなり、それをマスメディアが煽り立て、全国民規模で対敵憎悪感が爆発する事態になる。指導者が適当なところで手を打ってやめようと思っても、民衆がそれを許さない。

軍事的にも、ドイツ、オーストリア＝ハンガリーの同盟国軍とイギリス、フランス、ロシアなどの連合国軍は力が拮抗しているので、お互いに決定的な打撃を与えられない。米国が参戦して軍事力のバランスが徐々に連合国軍の有利に傾く一方、ドイツは一九一七年にロシアに起こった社会主義革命をみて、自国における社会主義革命の可能性に深刻な危惧の念を抱くようになった。戦争はもはや指導者がコントロールできる政策の手段ではなく、支配者がもっとも恐れる革命をもたらしかねないという認識が広まり、一九一八年、ようやく戦争が終わるのです。

終戦後も戦勝国、とくに英仏の国民のドイツに対する怒りは収まらず、とうてい実現が不可能なほど苛酷な賠償金をドイツに要求します。戦争終結時の英仏の指導者はそれがドイツには払うことができない要求とわかっていても、民衆の怒りを抑えることができず、そうした無茶な賠償をドイツに請求せざるを得なかった。実際、第一次大戦の犠牲者の数はそれまでのヨーロッパでの戦争と比べて桁はずれでした。ヨーロッパでその直近にあった大きな戦争は一八七〇年の普仏戦争ですが、この戦争の犠牲者が約二十五万人。きわめて悲惨で、日本ではナイチンゲールの活躍で知られるクリミア戦争（一八五三～五六年）でも約七十七万人でした。それが、第一次大戦では約二千六百万人の犠牲者が出たといわれる。

こういう事実から、さすがの欧米列強も、戦争を外交と並ぶ国家政策の一手段とみなす発想から、とにかく戦争を否定する方向に向かおうとしました。その第一が国際連盟です。第一次大戦の講和条約であるベルサイユ条約の一部として、国際連盟規約が結ばれ、それにもとづいて設立されました。これは、すべての連盟加盟国がお互いに武力行使をしないことを約束して、その約束に反して戦争をおこなう国には、他のすべての加盟国が協力して制裁するという集団保障体制で、制裁の威嚇《いかく》で戦争を抑止しようとするものです。

第二は戦争の違法化。国際連盟でも戦争は一定程度違法化されましたが、連盟体制には種々欠陥もあった。そこで一九二〇年代に戦争を違法化すべきだという運動が盛り上がり、一九二八年に不戦条約が結ばれる。これで戦争が国際法上はじめて、原則として禁止されました。世界が戦争を違法なものにしようとして、国際法上画期的といってよい成果が出た。しかしその三年後に、日本が満洲事変を起こしてしまったのです。

江川　戦争は違法化されたけれど、植民地支配は違法とされなかったのですか。

大沼　されませんでした。第一次大戦中、ソ連の初代最高指導者だったレーニンと米国のウィルソン大統領が、相次いで民族自決のスローガンを掲げました。各民族は他の民族や国家の干渉を受けずに自らの政治組織や帰属を決める権利をもつ、という考えです。ただ第一次大戦後、民族自決はヨーロッパにだけ適用されました。アジア、アフリカなど、膨大な非ヨーロッパの植民地に適用することは、戦勝国である英仏が絶対に認めようとしなかった。敗戦国ドイツとオーストリア＝ハンガリーと、一九一八年に戦線から離脱したロシア（ソ連）の支配下にあった東欧・中欧の諸民族が民族自決の担い手となって独立を達成しました。一方、英仏植民地の人々はその恩恵にあずかれなかった。

それでも、民族自決という理念は、アジアやアフリカの指導者の頭にしっかりと埋め込まれました。アジア、アフリカの指導者は、ヨーロッパの諸大学に留学して、そういう新しい時代の思想に触れて、それを自分の民族に持ち帰った。アジアでも、十九世紀後半から起きていた民族独立運動は、二十世紀前半に活潑化していきます。アジアの独立運動の指導者は、欧米だけでなく日本の大学にも留学して、民主主義、民族自決の理念に触れたのです。

中国は独立国でしたが、清朝の皇帝は満洲族で、中国人の大多数を占める漢民族にとっては異民族支配と受け取られるようになった。こうして、一九一一年には漢民族を中心とする辛亥《しんがい》革命が起こります。十九世紀末から二十世紀前半は、アジアの諸民族が民族自決に目覚め、植民地支配と戦い始めた時代でした。日本はちょうどそうした時代の流れに逆行して、帝国主義・植民地主義政策をとっていた欧米列強をモデルとして帝国主義的な政策を推し進め、台湾・朝鮮の植民地支配を始めてしまったのです。

時代を読めなかった「脱亜入欧」の日本

江川 そんな時期の日本の対応には、どういう問題があったのでしょうか。

大沼 この時代は人種主義が猖獗《しょうけつ》を極めていた時代で、「黄色人種」日本への欧米の偏見は強かった。その時代に生きていたら、わたしも欧米への強い反撥心を抱いたと思う。そうしたなかで日本人は、欧米諸国に追いつこうと、涙ぐましいほどよく働いたといっていいでしょう。

ただ、この時代の日本がとても残念だった点があります。ひとつは、時代の潮流を読むことができなかったこと。弱肉強食の帝国主義の時代は、第一次大戦後の戦争の違法化と民族自決の潮流のなかで徐々に変わろうとしていた。帝国主義と植民地支配に反抗するアジア、アフリカの諸民族のナショナリズムは明らかに勃興しつつありました。時代は変わりつつあり、日本にも石橋湛山《いしばしたんざん》や新渡戸稲造《にとべいなぞう》など、そうした潮流を理解する人々はいたけれど、日本全体としては歴史の転換を認識することができなかった。

もうひとつは、明治以来一貫する「脱亜入欧」（停滞した旧弊なアジアの一員であることをやめて、「進んだ」「強い」ヨーロッパの一員になろうという、日本の政策と意識）の一環としてのアジア、アフリカの人々への差別意識です。日本は、パリ講和会議の際に、国際連盟規約に人種差別撤廃条項を入れることを提案しています。この提案は米英、オーストラリアなどの強い反対で採用されませんでしたが、人種差別撤廃を求めたという事実自体は高く評価すべきでしょう。ただ、人種差別撤廃を提案した当の日本が、中国人への民族的偏見をもち、朝鮮を植民地支配し、南洋諸国の人々を「民度の低い土人」とみていた。石橋湛山は、人種差別撤廃の要求を強く支持しつつ、「吾輩は我国民の実際に行いつつある所を見て、忸怩《じくじ》として、之れを口にし得ぬことを残念に堪えぬ」（『東洋経済新報』一九一九年二月十五日号社説）といっていますが、これはまったくそのとおりというほかありません。

第一次大戦までの日本は、文明国として認められるために、懸命に国際法を守ってきた。欧米列強の人種差別は明らかに正義に反するものであって、その撤廃を主張することは欧米諸国も正面から反対できなかったし、非欧米諸国はむろん支持するものでした。このとき、日本自身が自己の主張にかなった行動をとって、当時の人種差別的な国際秩序を変える努力を積み重ねていけば、日本は諸国から尊敬され、中国との泥沼のような戦争――個々の「戦闘」ではいくら勝てても、中国全国民を相手とした「戦争」では決して勝てない――に陥ることもなかったかもしれない。

しかし、日本は中国に対してはとうてい中国として受け入れることのできない対華二十一ヵ条要求という不当な要求をつきつけ、朝鮮では苛酷な武断統治を進めた。この結果、日本が人種平等条項を連盟規約に挿入するよう各国を説いているまさにその時期に、朝鮮では日本の植民地支配に抵抗する三・一独立運動が起こり、その二ヵ月後には中国で欧米列強や日本の帝国主義政策を批判する五《ご》・四《し》運動が起こった。皮肉というほかありません。

加えて、日本の軍人教育が内向きになっていったことも問題でした。山本五十六《やまもといそろく》のように世界を知っている軍人は例外であって、東条英機をはじめとするほとんどの高級軍人が国際社会のあり方、趨勢《すうせい》に無知でした。当時の日本は遅れてきた帝国であり、欧米列強となんとか張り合おうと、つま先立ちで無理に無理を重ねていました。日本は列強の一員としてアジアの盟主であろうとしましたが、欧米列強と張り合うことができる唯一の部分が軍事力なので、無理をしてそこに膨大な国家資源をつぎ込んだ。すると民生に資源を振り向けることができないので、経済はますます厳しくなっていって、一九二九年の世界大恐慌にも対応できなかった。

社会が行き詰まるなかで神がかり的な精神主義が擡頭してきます。第二次大戦でも、とにかく精神力があれば勝てるという発想に行き着いてしまった。日本は天照大神《あまてらすおおみかみ》以来、万世一系の天皇を仰ぐ選ばれた民族であり、そういう民族として敵の捕虜になるなどもってのほかである、潔く戦って散るべきであるという発想が、『戦陣訓《せんじんくん》』で「生きて虜囚《りょしゅう》の辱《はずかしめ》を受けず」ということばに象徴されています。そうすると、捕虜というものは本来あり得ない、ということになり、敵の捕虜を大事にするなどということもおよそ考えない。捕虜の適切な処置を規定する戦時国際法を無視するようになる。

日清、日露、第一次大戦で発せられた天皇の詔勅《しょうちょく》には、「いやしくも国際法に戻《もと》らざる限り」とか「凡そ国際条規の範囲に於て」など、「国際法を遵守して戦う」という趣旨の文言が入っていました（それでも中国に対しては戦争法を遵守して日清戦争を戦ったのか、疑問視する学者もいますが）。ところが、真珠湾攻撃の直後に発せられた米英両国に対する開戦の詔書には、国際法に関する記載はまったくありません。そのことは一九四一年時点での戦争と国際法に対する日本の姿勢を象徴しているといえるでしょうし、当時から一部の知識人はこれを危惧していました。

満洲事変と国際連盟脱退

江川　戦争を違法化した不戦条約成立の三年後、一九三一年に起こした満洲事変で日本は国際社会から批判されます。国際連盟はリットン調査団の報告にもとづいて、満洲国は日本の傀儡政権であると認定し、日本は連盟から脱退してしまいます。そのときの批判は、相当に厳しいものだったのでしょうか。

大沼　当時、国際社会のあり方を主導していて東アジアの秩序に重大な関心をもっていた英米仏、とくに英国は、満洲事変が起きたとき何とか日本をなだめ、日本と中国を和解させて事を荒立てないで解決したい、という意向でした。一九二九年に大恐慌が始まり、世界は深刻な経済危機に見舞われ、多くの失業者が出て国政も混迷する状況を呈します。とくにドイツの打撃は大きく、ベルサイユ体制に対する反感が強まって、ナチスが国民の支持を広げていきます。イタリアではファシズムが力を得てきている。そういうなかで、違法な戦争をおこなったからといって、日本と軍事的に対立するのは、英米仏としては避けたい。日本に国際連盟を離脱されるのも困る。そもそも国際連盟には上院が反対した米国は参加しておらず、英仏も連盟の弱体化は避けたかったのです。

一方、米国の国内では第一次大戦後の戦間期には、米国が参戦したのはまちがいだった、という意識が強くなっていきました。ドイツだけでなく英仏の側にも問題があった帝国主義国家同士の利権のための戦いだったのに、純粋無垢なアメリカの青年たちがはるばる大西洋を渡って多くの死者が出た、という批判が高まります。建国の父、ワシントンはヨーロッパにはかかわるなといっていたではないか、といった孤立主義と結びついた平和主義の傾向が非常に強まっていました。そのため、米国も日本の満洲事変を軍事力の威嚇で阻止しようとまではしないわけです。

そういうなかで国際連盟から派遣されたリットン調査団は、欧米列強の意を体して非常に微温的な報告書を提出します。日本がやったことは国際法上明らかに問題があるとしながらも、日本の経済的権益に中国側も配慮すべきだとするなど、日本にとって必ずしも不利なものではありませんでした。ところが、国内で極端にナショナリスティックな感情が高まっていた当時の日本は、リットン調査団の妥協的な報告書でさえ断固拒否という声が強く、結局国際連盟を脱退してしまった。

満洲事変は、明らかに関東軍の陰謀でおこなわれた武力行使ですから、不戦条約と当時の東アジアの国際秩序を形づくっていた九カ国条約に違反する、違法な戦争であることはまちがいない。にもかかわらず日本政府と軍部は、自衛権の行使であると言い張ったのです。

日本のなかにも、ごく一部ですが、それを批判した知識人がいました。たとえば、東京帝国大学で国際法を教えていた横田喜三郎《よこたきさぶろう》教授。戦後最高裁判所長官になった人物ですが、「自衛権の行使ではない。国際法に違反する」と批判しました。それが右翼の逆鱗《げきりん》に触れ、自宅には「売国奴」「不逞《ふてい》国賊、覚悟しろ」といった文書が何通も舞い込み、その後は沈黙を守らざるを得なかった。そうした状況の下で、ほかの国際法学者からも、正面切って満洲事変を国際法上違法な武力行使だと批判する声はほとんど出なかった。

ジャーナリズムも、『河北《かほく》新報』のような地方紙が、陸軍に引きずられているような外交ではダメだと批判し、石橋湛山も「支那全国民を敵に廻わし、引いて世界列国を敵に廻わし、尚お我国は此取引に利益があろうか」(『東洋経済新報』一九三一年十月十日号社説)と満蒙放棄論を唱えました。しかし、大手の新聞や多くのジャーナリストは軍部、政府に追従して、むしろ満洲事変を支持する声を煽り立ててしまった。そうしたメディアに引きずられた日本国民は、国際連盟を脱退したとき、「よくやった」と拍手喝采《かっさい》しました。その時どきの国政指導者が誤った政策をとり、それをメディアが煽り立てると国民も拍手喝采するが、それは長期的にみると国を危うくするという典型例でしょう。

このように、満洲事変は違法な武力行使であるという国際社会の評価とそれを断固支持するという日本国内の評価との間には、大きなずれが生じてしまった。中国の多くの国民にとっては、日本の軍隊が陰謀を仕立てて中国の東北地方を一挙に占領し、自分たちが革命で倒した清朝の愛新覚羅溥儀《あいしんかくらふぎ》を皇帝として満洲国という傀儡国家までつくったことは、とうてい許せない行為です。民族主義が刺激され、ますます反日感情が高まっていきます。

その後、事変は小康状態になったのですが、今度は一九三七年に盧溝橋《ろこうきょう》事件で日中両軍が衝突し、日中戦争へと発展していきます。この時は、参謀本部は早期に戦争を終結したい意向だったようですが、むしろ政府が強気で、近衛首相が「帝国政府は爾後《じご》国民政府を対手《あいて》とせず」という声明を出してしまい、全面的な戦争に深入りしていきます。

日本の行動を非難しながらも事を荒立てないで済ませたいので、ある程度宥和《ゆうわ》的な政策をとっていた米国も、ついに一九四一年八月、中国から撤兵しなければ石油を全面禁輸する、と日本に通告し、日本は中国から撤兵するか、それとも米国と一戦交えるかという瀬戸際に追い込まれます。中国からの撤兵は断じてしない、米国から石油が供給してもらえなくなるのなら南方で石油を確保しようということで、南部仏印に進駐した。米国からすると完全に一線を越えたということで、日本軍の中国および仏印からの全面撤兵を要求する「ハル・ノート」を突きつけ、それを受け入れない日本が真珠湾攻撃をするという展開になってしまったわけです。

江川　国際連盟脱退を、日本の新聞や国民は大歓迎してしまった。そんななかでも、連盟脱退は得策ではない、と論陣を張った人から学ぶことも大きいですね。

大沼　石橋湛山がその代表ですが、小日本主義・満蒙放棄論を説いて、経済的な繁栄こそ追求すべきであって軍事力で他民族を威圧するべきではない、と節目節目で言い続けた。

この石橋湛山の生き方から現代のわれわれも学ぶところは大きいと思う。彼は、正しいことをいいながら、逮捕もされずちゃんと生き延びたわけです。英雄的行為で弾圧される、あるいは下手に弾圧の口実を与えてしまうのではなく、したたかに生き延びる。それは、学者であれジャーナリズムであれ、一般の市民であれ、大事なことでしょう。権力の介入を招くような材料をジャーナリズムが与えるのは愚かですし、かつての知識人の間では獄中で何年間も耐え抜いた共産党員の話が英雄物語として語られましたが、牢獄に入れられてしまったら発信できなくなってしまう。石橋湛山のように、弾圧されないでまともなことを国民の耳に届く形で発信しつづける。それは、とても大事なことではないか。

その石橋がいっていたのは、徹底した実利の追求です。しかもそれは、決して近視眼的な実利ではなくて、長期的な展望を伴った実利です。彼の実利主義を考えるとき、わたしは自分の父や祖父がいっていた「商人道」を思い出します。わたしは商家の生まれですが、父や祖父は「商人は儲《もう》けるのが大事だ。だがそこには商人道というものがある。人さまをだましたり、自分だけが儲ければいい、というような行為は結局のところ、自分の信用を失墜させて、長い目でみると損になる」とよくいっていました。

石橋湛山のいうことは、まさにこうした商人道だと思う。実利を説きながら、道徳的・倫理的な意味を含んだ実利。そうした実利は、長期的な利益にかなう賢い実利であって、まさにこれが保守主義の知恵だと思うのです。ところが二十一世紀の日本では、戦前・戦中の日本の行為への真摯な反省に立脚する戦後日本のあり方を否定し、明治憲法下の価値観の復活を説く復古あるいは反動的な思考様式が保守主義といわれるようになってしまっている。そこには長い歴史の観点から実利を説く保守主義の知恵が感じられず、保守主義の名の下に狭隘《きょうあい》で排外的な感情と鬱積の発散がおこなわれている、という状況なのではないか。それは社会を歪め、国家の経営を危うくするものです。

国際法違反が多かった第二次世界大戦

江川　第二次大戦がそれまでの戦争と異なるのは、どういう点でしょうか。

大沼　第二次世界大戦は文字どおりの世界戦争でした。第一次大戦も米国が参戦して連合国を勝利に導き、日本も中南米諸国も参戦しましたが、基本的にはヨーロッパの戦争だった。第二次大戦は一般には一九三九年のドイツによるポーランド侵略に始まると考えられており、四一年まではやはり基本的にヨーロッパの戦争ですが、日本の参戦以降、中南米諸国、エチオピア、リビア、トルコ、エジプトなどのアフリカ、西アジア諸国も含む文字どおりの世界戦争に拡大しました（形式的に日独などの枢軸国に宣戦しただけで実際に戦っていない国もありますが）。ただ、世界戦争といっても、日本、ドイツ、イタリアなどの枢軸国はもっとも多い時期でもわずか八カ国で（満洲国など傀儡国家は除く）、四三年以降イタリアをはじめ五カ国が離脱し、四五年には日独とタイの三カ国だけになってしまった。日本とドイツは世界、あるいは国際社会全体と戦う形だったのです。

また、第一次大戦の場合、戦争の原因はドイツ側、英仏側の双方にありましたが、第二次大戦では、日本には満洲事変から真珠湾攻撃と、国際法に反した、不正な軍事力の行使があり、ドイツも一九三九年九月一日に突然ポーランドを侵略した。日本とドイツは、明らかに自らに非がある、弁明の余地のない戦いをやってしまった。第1章でお話ししたように東京裁判は「勝者の裁き」であって、いろいろ不公平なことがあったのはたしかですが、その「勝者」たる連合国は国際社会のほとんどすべての国だったわけです。その意味で東京裁判とは「国際社会による裁き」でもあった。サンフランシスコ平和条約で日本は東京裁判の判決を受け入れているし、条約に参加しなかった中国、インド、ソ連、韓国なども、一九三一〜四五年の日本の戦争が違法な侵略戦争だったという認識はすべて共有しているといっていいでしょう。

桁違いの数の一般市民が犠牲になったというのも第二次大戦の特徴です。この大戦では焼夷弾を使った空爆が大規模におこなわれました。これは、それまでの戦争法に違反する行為だったと考えられますが、それでも敵の戦意をくじくのに有効な戦術として連合国、枢軸国の双方が採用しました。ドイツ軍によるロンドン大空襲では四万三千人以上の民間人が死亡。さらにドイツはV1飛行爆弾、V2ロケットなどの攻撃もおこなった。日本軍も重慶爆撃をおこないました。これに対して連合国は、ドイツのドレスデン、日本の東京をはじめとして枢軸国側の諸都市に対してはるかに大規模な空襲をおこなった。戦争末期の日本の防空力はほとんどゼロに近い状態でしたから、連合軍は広島、長崎への原爆も含めて、徹底した空爆をおこない、一般市民の犠牲は膨大な数に上りました。

集団安全保障体制の確立と限界

江川　そのような民間人まで巻き込む凄惨な戦争は、戦後の国際法あるいは国際社会の倫理観に、どういう影響を与えたのでしょうか。

大沼　国際社会といっても価値観や歴史的経験を異にする国々からなる社会ですから、第二次大戦の受け止め方にも国によってかなり違いがあります。たとえば日本では、絶対平和主義が高まり、憲法第九条をつくり、それを維持してきて、戦後七十年経っても平和主義的思潮はかなり根強い。

戦後の国際秩序づくりを主導した米国を中心とする連合国は、戦争の違法化をさらに徹底させて平和を目指すという点では日本と同じでしたが、その平和を担保する手段という点では絶対平和主義とは異なる思想に立脚する集団安全保障体制――国際連盟もそうでした――の強化という道を進んだ。つまり、違法な戦争（厳密には武力行使）に訴えようとする国に対して国際社会のすべての国が制裁を加えるという威嚇を制度化することによって戦争を防ごうという体制で、これが国際連合です。

ただ、国連は、米英仏中ロという常任理事国が一致しなければ制裁ができない仕組みになっているので、実際にはなかなかうまく機能しない。冷戦期には米ソ対立で安保理は機能不全に陥っていると批判されましたし、冷戦終結後も、中ロと米英仏が対立する構図はそう変わっていない。安保理が国際社会の代理人として違法に武力を行使した国に武力制裁を加えるという行動は、現実には期待できない。

さらに、そもそも国連は、米英仏中ロという軍事大国のいずれかが違法な武力行使をおこなっても、それを制裁によってやめさせることはできない。実際、ソ連のハンガリー、チェコ、アフガニスタンへの武力行使、米国のベトナムやカリブ海諸国への武力行使やその威嚇、英仏のエジプトへの武力行使、中国のベトナムへの武力行使など、米英仏中ロは、自分たちが主導してつくった国連憲章に違反する武力行使をしばしばおこなってきました。とはいえ、そうした違法な武力行使をおこなった国は、ほとんどの場合、果実を得ることなく撤兵せざるを得ませんでした。これらの軍事大国が武力行使による果実を得ることなく撤兵したのは、国連の集団安全保障のシステムが機能したからではなく、侵攻された国の粘り強い抵抗と、そうした違法な武力行使を批判する国際・国内世論の高まりによるものだったといえる。

それでは、そうした違法な武力行使への国際・国内世論の高まりがこれらの軍事大国に対する強い圧力として働いたのはなぜか？　それは、連盟規約以来の一貫した戦争違法化の流れのなかで、自衛以外の武力行使を禁ずる戦争違法観が普及して、世界の諸国民の規範意識として共有されたという事実によるところが大きいのです。

また、神様でも天使でもない人間が、第二次大戦後七十年にわたって世界大戦を起こさなかったことは、高く評価しなければならない。第一次大戦が終わってから、日本の満洲事変まで十余年、ドイツのポーランド侵攻によって第二次大戦が本格的に始まるまで、第一次大戦後の世界平和は二十年しかもたなかった。数千万人の犠牲者を出した第二次大戦の教訓——東西陣営が本格的な核戦争を起こしたら、その第二次大戦の犠牲者をはるかに上回る犠牲者を出してしまう、それはどんなことがあっても避けなければならないという認識――は、戦後米ソの最高指導者を含む世界の指導者、そして広範な市民に共有されていたのです。

ただ、二十世紀後半から世界で深刻な問題となっているのは、内戦、ジェノサイド(大量殺害)、テロです。内戦とジェノサイドはしばしば結び付いています。たとえば、カンボジア内戦を経て権力を掌握したポル・ポト政権は、一九七五年から七九年の間に百万人から百五十万人の国民を虐殺したといわれており――正確な数字を出すことはできません――、一九九四年のルワンダではフツ族とツチ族という対立する民族の争いから、フツ系の政府とそれに同調するフツ過激派が五十万人から百万人のツチ族とフツの穏健派を殺害した――ここでも正確な数字はわかりません――といわれます。いずれも全国民の一割以上が犠牲になったのではないかと考えられています。テロによる攻撃も規模が巨大化し、地域も拡散してきています。こうしたテロによる被害も悲惨なものであり、二十一世紀の国際社会が直面する深刻な問題です。

国際刑事裁判所とは何か

江川　戦争犯罪を裁くために国際刑事裁判所という常設の機関があります。これはどのようにしてつくられたのですか？　その意義と問題点を教えてください。

大沼　第二次大戦後、国際社会はニュルンベルク裁判や東京裁判など、日独の違法な侵略戦争とジェノサイド、さらに通常の戦争犯罪について指導者と実行者の責任を問いましたが、それはあくまで敗戦国の指導者と戦争犯罪人を裁くものだった。国連総会は、一九四六年にニュルンベルク裁判の諸原則を確認する決議を採択し、四八年には大量殺害を犯した者を処罰するジェノサイド条約を採択しましたが、そうした犯罪の責任を問う裁判所は長いことつくられませんでした。

一九九〇年代になって、ユーゴスラビアの解体に伴って、この国を構成していた共和国内また共和国間で民族対立が激化して、状況が変わります。「民族浄化」と呼ばれる虐殺、集団レイプを含む残虐な行為がヨーロッパの一角で繰り広げられたことに、欧米の諸国民は強い衝撃を受けました。戦闘終結後、こうした残虐行為の責任者・実行者を国際法廷で裁くべきだという声が強まります。ただ、利害が錯綜《さくそう》する多数の国々の間で条約をつくって国際刑事裁判所をつくるには時間がかかりすぎるということで、一九九三年、国連は安保理決議で旧ユーゴスラビア国際刑事裁判所を設置しました。先ほど述べたルワンダでの集団殺害についても、安保理は責任者を裁く国際刑事裁判所を設立しました。この二つの法廷では、非常に限られた範囲ではあるが、責任者が実際に訴追されています。

しかし、司法裁判所を安保理という政治的機関の決議で設置するのは、被告人の人権保障の観点から好ましくないわけで、多数国間条約によって「人道に対する（犯）罪」などの重大な犯罪を裁く恒久的な国際裁判所をつくるべきであるという声が高まり、一九九八年に国際刑事裁判所を設立するローマ規程が締結されました。二〇〇三年にオランダのハーグに常設の機関として開設され、実際にコンゴの内戦やスーダンでの虐殺事件などの責任者を訴追し、判決を下しています。

ただ、課題はきわめて多い。まず、参加はいまだ世界の六割にとどまり、米国、中国、インド、ロシア、イスラエルなどは参加していません。ヨーロッパと中南米の国々の参加は多いのですが、アジアでも参加は日本、韓国、フィリピンなどに限られています。しかも、アフリカでの大規模な人権弾圧や残虐行為の責任者を訴追していますが、大統領クラスの〝大物〟は別の国に庇護《ひご》されるなどして、なかなか裁判に至らない。

それに、内戦状態の国も、いったん戦いが終熄すれば、それまで憎しみ合い、殺し合っていた者が協力して国家再建に向かわなければならないのに、個人に対する刑事責任の追及はそうした和解と協力を阻害するのではないか、という問題もあります。たしかに責任者の処罰は、被害者の気持ちをある程度なだめ、正義の実現にはなります。しかし、対立していた戦闘当事者の和解に役立つとは限らない。

また、アフリカの独裁者のなかには、民衆の反欧米・反植民地主義感情を煽っている者が少なくありません。そういう指導者は、国際刑事裁判所は西欧の価値観を押し付けるもので、「現代版植民地主義」だと批判しており、この批判はアフリカを中心とする途上国の間には一定の広がりをもっています。国際刑事裁判所が侵略戦争、ジェノサイド、重大な戦争犯罪を犯す者への威嚇効果、予防効果をどの程度もっているのかを含め、国際刑事裁判所の評価はかなり難しいところです。

欧米の「歴史認識」に問題はないのか

江川　西欧諸国と途上国との関係をみると、アフリカや中東の人々がかつての宗主国に移民として行って、そこで生まれた二世、三世はその国の国民であるにもかかわらず差別を受け、偏見の対象とされ、不満を高めていくなかでテロに参加するというケースが相次いでいます。またパレスチナ問題も、元はといえば第一次大戦中に、アラブ人にはオスマン帝国支配下におけるアラブ人居住地の独立支持を約束し、ユダヤ人にはパレスチナでの建国を認め、フランスとは中東分割の秘密協定を結んでいたというイギリスの三枚舌外交が原因ですね。この問題がずっと解決しないなかで、イスラーム過激派がそれを利用する。そういう事例をみていると、かつての植民地支配、帝国主義を反省せずにきたツケがたまって、今に至っているという気もします。

大沼　そこは欧米諸国の「歴史認識」の重大な問題です。二〇〇一年の九・一一同時多発テロ事件のあと、ブッシュ米大統領が対テロ戦争を「十字軍」と口走った。欧米からみれば十字軍は聖地を異教徒の支配から取り戻す聖戦だったかもしれないが、アラブ諸国、ムスリムの人たちからみれば各地で残虐行為を働いた侵略であったという、「あちらの側からみた歴史」。この構図が理解できていないのです。欧米諸国のこういう無邪気で自己中心的な歴史認識は、植民地支配に関しても顕著です。

日本は戦後、敗戦国という立場にあり、中国、韓国その他の国々に批判されながらではあれ、それなりに日本の戦争と植民地支配を反省し、謝罪をしてきました。それに比べると、かつての欧米列強は、日本とドイツを批判することはやっても、自分たちの植民地支配責任や帝国主義政策、他国への侵略行為に関しては、ほとんど反省の意を表していない。典型は米国で、ベトナム戦争であれだけ枯れ葉剤を使い、その結果多くの障碍児が生まれるような残虐なことをしておきながら、ベトナムに対してまったく謝罪していません。フィリピンを植民地支配したという意識もない。フランスにしてもイギリスにしても、植民地支配についての責任意識、帝国主義的外交への反省は、一般国民も知識人もほとんどないし、かつての植民地支配国への謝罪も、日本に比べてきわめて限られたものでしかない。

つまり、日本とドイツは明らかな侵略国であり、敗戦国であったために、戦後厳しい反省を迫られ、実際に反省してきた。ところが、ドイツ以外の欧米の大国は、戦勝国であったがゆえに、植民地支配と帝国主義外交を支えた非欧米諸民族への優越意識を真剣に反省し、植民地支配の悪に正面から向かい合う機会を今日までもてていないのです。欧米の指導者・知識人は、人権や環境、民主主義などの理念について、自分たちが教師であるという無意識の優越感をもって日本や他の国々にお説教を垂れる。こういう傲慢さを感じてしまうから、西欧で育って西欧の高度の民主主義、人権保障に接しているはずのムスリムの二世などがテロに走ってしまう、という一面があるのでしょう。このように、ドイツ以外の欧米の大国が向き合ってこなかった戦争責任、植民地支配責任について日本が批判されるのは、明らかに不公平だし、不愉快なことではある。しかし、だからこそ日本は、欧米が陥っている傲慢さからすこしは免れている、ともいえるのです。

人間というのは、とかく自己中心的で傲慢になりやすいものです。「歴史認識」をめぐって日本が批判の対象になっていることは、自分を省みるうえでよい機会になっている。自らの過去を反省しつつ、欧米諸国にもそれをうながす。それが二十一世紀のよりよい国際社会のあり方につながる。そういう発想が必要なのではないでしょうか。

ドイツの取り組みはなぜ評価されるのか

江川　同じ敗戦国でも、ドイツの戦争に対する向き合い方は、国際社会に評価されているようにみえます。どういう点が評価されているのでしょうか。

大沼　ドイツは、第一次大戦で敗戦国になって、植民地をほとんど奪われています。ですから、第二次大戦の際には植民地支配の責任は問われていません。ドイツがこれまで謝罪してきたのは、主にホロコーストについてです。ドイツの侵略戦争それ自体に対するドイツの反省は、それほど明確ではありません。その点では日本とさほど違いがあるわけではない。

また、ドイツは法的責任を認めているが、日本は認めていない、といわれることがありますが、これも正確ではありません。「法的責任を認める」という場合、①そういう内容の条約を結ぶとか法律をつくる、②内容は「見舞金」などの道義的責任にもとづくものだが、それを条約や法律をつくっておこなう、③「法的責任を認める」という趣旨の首相や大統領の文書を出す（その文書の法的性質も問題になる）、④被害者への賠償または補償（「補償」の場合も法的なものかそうでないかが問題となる）を国ないし政府予算から支出するなど、さまざまな形のものが十分区別されることなく考えられている。実際にはドイツも日本もさまざまとはいえない。また、『「慰安婦」問題とは何だったのか』でも強調したことですが、一概に法的責任を認めるほうが道義的責任を認めるよりまさっているわけでもない。

にもかかわらず、たしかにドイツは日本より戦争責任について国際社会で高い評価を受けている。なぜか。ひとつには、ドイツは国家の指導者がわかりやすい形で自己の反省と謝罪を表明してきたことがあります。ヴィリー・ブラント西独首相が一九七〇年にポーランドのワルシャワを訪問した際、ゲットー（ユダヤ人隔離施設）でのユダヤ人武装蜂起を記念する英雄記念碑の前で跪《ひざまず》いて黙禱《もくとう》を捧げた。このときブラントが跪いて真摯に黙禱を捧げる姿は、写真を通じて世界中に報じられました。その効果は非常に大きかったと思います。

戦後四十年を迎えた一九八五年には、リヒャルト・フォン・ヴァイツゼッカー大統領が連邦議会での演説で、「一民族全体に罪がある、または無実である、というようなことはありません」としつつ、「過去に目を閉ざす者は結局のところ現在にも盲目となります。非人間的な行為を心に刻もうとしない者は、再びそうした危険に陥りやすいのです」と述べました。この演説もまた、多くの人の心を打ちました。ブラントの跪きといい、ヴァイツゼッカーの演説といい、ドイツは自己の反省を示す象徴的な行為を国際社会に印象づけることができたのです。一九九〇年代後半にユダヤ人の強制労働にかかわったドイツ企業への集団訴訟が米

ワルシャワのゲットー跡地に建設された英雄記念碑の前で跪き黙禱を捧げるブラント西独首相.
写真：dpa／時事通信フォト.

国で提起されたときには、ドイツ政府はそれに対応するために企業を説得して二〇〇〇年に「記憶・責任・未来」基金をつくって、東欧の強制労働被害者たちに訴えを断念させるのと引き替えに一定の補償をしました。

　国内では徹底した非ナチ化政策を推進して、人種差別やナチスの称揚などを刑事罰の対象としています。表現の自由を一定程度制限してでも、ナチス的なものが再び影響力をもつことを抑止する法制を取ってきたのです。教育でも負の歴史を次世代に伝えていく努力が続けられてきました。

　ドイツは別に道徳的・倫理的観点だけからではなく、「ホロコースト」の汚名を負ってしまったドイツ人が戦後の世界を生き抜いていくための国民的利益の観点から、こういう行動を取ってきたのです。ただ、ブラントやヴァイツゼッカーのような象徴的な言動、その広報という面では明らかに日本に勝っていた。

日本が戦後一貫して平和主義を維持してきたのは、まちがった戦争をしてしまったという深い反省に立脚するものだったし、戦争賠償を放棄してくれた中国をはじめ、戦争で大変な被害を与えた東南アジアの国々、植民地支配をした韓国へも巨額の経済協力をおこなって、これらの国々の経済的向上に貢献してきた。日本の首相はくり返し反省と謝罪のことばを述べてきたし、サハリン残留朝鮮人の永住帰国や在韓被爆者への手当、元慰安婦の方々へのアジア女性基金による償いなど、反省にもとづく行いは積み上げてきました。ただ、政治指導者の象徴的行為、その広報という点でドイツにはるかに劣っていたことは否定できません。

象徴的な行為の重要性という点では、外務省や首相の周辺にいる人がもうすこし有効なアドバイスができないものか、と思います。たとえば、慰安婦問題でオランダとフィリピンの元慰安婦は日本の償いを受け入れ、順調に進められたのですが、その後オランダやフィリピンを訪問した日本の首相や外相が元慰安婦の方々に会ったという話は聞きません。会っていないか、会ったとしても広く報じられていないわけです。

もし会って握手をし、さらに元慰安婦を抱きしめるなどの象徴的な行為をやっていれば、そうした姿が世界に広く報じられていれば、オランダやフィリピンはもとより、そうした報道に接した他の国の人々からも高い評価を得られると思うのです。韓国の元慰安婦のなかにも、対日強硬派の挺対協と一線を画している人たちは少なからずいるわけですから、日本の政府指導者はそういった象徴的な行動を取ることを真剣に検討すべきだと思います。

英仏はなぜ植民地責任を問われないのか

江川 イギリスは非常に多くの地域で植民地支配をしたわけですが、そのわりに過去についての批判が聞こえてきません。なぜなのでしょうか。

大沼 英国の場合、事例がきわめて多様で、なかなか一般化して語れません。たとえば、植民地化される前に高度に発達した国家組織がほとんど存在していなかったアフリカの国々と、ムガル帝国が存在していたインドの場合とでは、支配された人々の意識は異なるでしょう。もっともムガル帝国は、北方からやってきたムスリムの王朝であって、元々インドに住んでいた人々からすればこの王朝も外来勢力というわけですから、支配者がムガル帝国から大英帝国にかわっただけで、あまり違いはなかったという人も多かったかもしれない。そもそも、異民族支配それ自体が悪という意識が高まるのは、ナショナリズムが重要な意味をもつようになった十九世紀以降のことなのです。それ以前は異「民族」――「民族」という意識自体、基本的に近代以降のものです――支配は、世界各地でどこにもある現象でした。

ただ、中国に関していえば、現在の中国の明らかに過剰な被害者意識に責任があるのは、日本に次いで英国でしょうね。中国の「国恥百年」という考え方は、アヘン戦争の敗北から始まります。いきさつはひどいもので、清との貿易が赤字だった英国がインド産のアヘンを中国に売り付けたのが、そもそものきっかけです。アヘン中毒者が増えたため清はアヘンの使用を禁止し、英国の貿易商が保有していたアヘンを没収し、それがきっかけで戦争になるのですが、英国議会でも反対の声が強かった。戦費の支出を認める予算は僅差で通るなど、英国にもさすがにアヘン貿易のため戦争をやることへの批判は強かったのです。この戦争に勝って英国は香港島を割譲させ、九龍《クーロン》半島南部を奪い、北部の九十九年間の租借を中国に認めさせた。

香港は一九九七年に中国に返還されますが、当時、欧米の発想が支配的な国際社会の関心は、もっぱら「英国が育て上げた香港の民主主義が、共産党独裁の中国の下で維持されるだろうか」というものでした。日本のメディアもそういった論調だった。ほとんど唯一、作家の陳舜臣《ちんしゅんしん》氏が、これはまずは「歴史の清算」であり、植民地支配の終焉《しゅうえん》なのだと指摘しました（『朝日新聞』一九九七年七月一日）。わたしはまさにそうだ、と膝《ひざ》を打った記憶があります。

返還式典でも、アヘン戦争の流血や植民地支配について英国からの謝罪はありませんでした。最後の総督だったクリストファー・パッテン氏は記者会見で、「(英国が香港の)民主制度を発展させた」と述べ、過去一世紀半に及んだ植民地支配について謝罪しないのかと聞かれると、「アヘン貿易まで正当化しようとは思わないが、一体、今何を謝罪するのか。この未来志向の都市で、十九世紀の話をするのは驚くべきことだ」と述べています。

こういう事実を思い起こすと、「欧米は日本を批判する前に自国を省みてはどうか」という声が出てくるのも、無理からぬところだと思います。今日の中国人も、アヘン戦争が屈辱の近代史の始点だという意識は強くもっている。日本との問題が大きいので目立っていませんが、

江川 中国は英国が与えた「国恥」を忘れてはいません。フランスも、英国に次いで多くの植民地を支配していましたが、やはり謝罪はしていませんね。

大沼 していません。フランスは自国の文化の優越性に強烈な自負をもっていて、しばしば「フランス文化」ではなく「フランス文明」と呼びます。「フランス文明」は普遍的なもので、それを広めるのは自らの使命であるという考えをフランス人はかつてもっていたし、今日もそういう発想は一定程度残っている。黒人であれ黄色人種であれ、フランス語をマスターし、フランスの明晰《めいせき》な思考方法を身に付ければ、誰でも「フランス文明」の担い手になれるという考え。ですから、フランスの植民地に生まれたが、フランスの教育を受けた詩人

や小説家がフランス語で作品を書いて高い評価を受けることはある。エリートはフランスに留学して勉強して、祖国に戻って政治家になる。フランスに対する憧憬《どうけい》の念も強い。

しかもフランスの場合、アフリカに植民地が多い。アフリカでは、元々国家としての一体性や共有する伝統文化をもたずに小規模な民族集団が分かれて住んでいた人々が、植民地としてヨーロッパ列強によってつくられた国境内で支配され、そうした人為的につくられた地域の人々がひとつの「国家」として第二次大戦後に次々に独立したわけです。そういう国々は、国民的一体性を基礎づける経済的基盤もなく、旧宗主国の援助なしには国家が成り立たないような状態だった。しかも、異なる民族との間で通じる共通語はフランス語しかない。このような状況の下では、フランスの植民地支配責任を追及する意識はなかなか生じにくい、という事情があるかと思います。

アジアの旧仏領植民地の例としてひとつだけ、ベトナムについてお話ししておきますと、ベトナムは植民地化される前は、大越《だいえつ》国という独立国家でした。中国に朝貢してきたものの、長い間独立国家としての歴史がありました。十九世紀にフランスに植民地化され、その後第二次大戦で日本の占領下に置かれ、凶作への日本軍の対応の過ちなどの問題が重なって、約二百万人が亡くなったといわれる。日本の敗戦後にはフランスが植民地支配国として復帰し、フランスと戦って独立を達成したあとは米国の武力介入によるベトナム戦争で多数の国民が殺された。さらに、ベトナム国境を侵犯したカンボジアのポル・ポト政権を打倒するためカンボジアに侵攻すると、ポル・ポト政権の後ろ盾になっていた中国が「懲罰《ちょうばつ》」と称してベトナムに侵攻した。二十一世紀には南シナ海への中国の拡張主義的な政策から自国を守るため、かつて戦ったフランス、日本、米国に頼らなければならない。そういう事情があって、旧植民地支配国のフランスにも、占領で大きな被害を与えた日本にも、枯れ葉剤作戦やソンミ村虐殺事件など、非人道的で国際法にも違反する疑いの強い行為をおこなった米国に対しても、謝罪を求めたい気持ちがあっても厳しい国際社会の現実からそれができない。そういう状況にあるように思います。

江川　それでは、かつての植民地から、植民地支配の責任を追及する声は上がらなかったし、これからも上がらないのでしょうか。

大沼　旧英領にしろ旧仏領にしろ、アジアやアフリカの旧植民地諸国から植民地支配責任を求める動きが、これまでまったくなかったわけではありません。二〇〇一年に国連の活動の一環として南アフリカのダーバンでおこなわれた「反人種主義・人種差別撤廃世界会議」では、植民地支配の問題が正面から取り上げられました。そこで採択されたダーバン宣言のなかでも「植民地主義が人種主義、人種差別、外国人排斥および不寛容をもたらし」たと書かれています。ただ、この会議ではイスラエルへの批判がなされるというので、準備会には参加していた米国やドイツなどは参加せず、イランが欧米諸国を「差別主義者」などと強く非難したことで、フランスなどのヨーロッパ諸国も退席してしまった。さらに、このダーバン会議の直後に九・一一同時多発テロが起きたことで、その後の国際社会の最大の関心は米国の「テロとの戦い」に移ってしまった。欧米列強の植民地支配の責任を真剣に考える試みは、挫折《ざせつ》してしまったのです。

「法的に解決済み」で済むのか

江川　日本政府は、これまで戦争と植民地支配の犠牲者の補償請求に対して、「法的に解決済み」とくり返してきましたが、それだけでいいのでしょうか。中国の裁判所は、日本に強制連行され、労働を強いられたという人や遺族が裁判を起こした場合、以前は受け付けていなかったようですが、「歴史認識」をめぐる日中の対立が深まるなか、訴えを受理するようになりました。韓国でも、日本の植民地時代の強制徴用について、日本企業を相手に損害賠償を求める訴訟で日本企業敗訴の判決が下されています。欧米からも、とくに慰安婦問題をめぐって日本に厳しい視線が注がれています。このままでは、日本はいつまでも戦争と植民地支配を引きずりつづけなければならないのではないか。以前、慰安婦問題にアジア女性基金で対応したようなやり方で、強制労働などの問題にも対応することを考えたほうがいいのでしょうか。

大沼 よく比較の対象とされるドイツをみてみましょう。ドイツは戦後、「ナチスの不正」にかかわる行為についてさまざまな補償をおこなってきたのですが、前に述べたように、二〇〇〇年にはナチス・ドイツによって強制労働に従事させられた東欧の人々への道義的・政治的責任を果たすため、百億マルクの「記憶・責任・未来」基金をつくりました。基金は、ひとりあたり約三十万～八十万円、全部で約百七十万人の被害者に総額約七千億円の補償金を支払ったといわれています。これは、被害者が米国でドイツの企業を訴える集団訴訟を起こし、製品不買運動が激化するおそれもあったため、ドイツの政府と企業が折半して基金をつくり、米国政府とも協定を結んで、こうした訴訟は棄却することが米国の国益にかなうという声明を米国政府が出すことによって、米国内でドイツの企業が安心して企業活動をおこなえるようにしたのです。この基金は、被害者ひとりあたりの補償額が少なく、また受け取ってしまうとそれ以上訴訟ができなくなる――この点については異なる解釈もあり得ますが――など、問題はあるのですが、一般に高い評価を受けています。

日本企業にとって、中国は今後米国以上に重要な市場となる可能性が高い。そうした意味では、ドイツの基金方式による「解決」はある程度参考になるでしょう。ただ、米国におけるドイツの「成功例」がそのまま日本にあてはまるとはいえない。先ほど述べた政府がなすべきことに加えて、メディアや学者、ジャーナリストも、「立派なドイツ、ダメな日本」というステレオタイプの思い込み（これは「脱亜入欧」信仰そのものです）から脱却するなど、日本社会全体の意識変革が大切だと思います。

メディアとジャーナリズムの責任

江川　大沼先生はメディアの公共性と責任ということを一貫して主張してこられましたが、ジャーナリズムや出版に携わる者はどういう姿勢で「歴史認識」問題に向かい合うべきなのでしょうか。

大沼　慰安婦問題については、日本の政府と国民が元慰安婦の償いをおこなおうとしたとき、日韓の多くのメディア、とくに韓国メディアが「日本からの償いを受け取るべきではない」という大々的なキャンペーンをおこないました。それは、被害者から自由な選択を奪い、さらに日本から償いを受け取った被害者が韓国国内でそれを公にして生きていくことを決定的に困難にしました。韓国メディアはその点について深く反省すべきであり、自己の権力性を十分自覚して活動してほしいということは、第4章でお話ししました。

中国のメディアの場合は、共産党独裁政権による情報統制という問題があります。そうした抑圧的な体制が永久に持続することはないでしょうから、中国でも報道の自由が実効的に保障される日は必ず来るでしょう。しかしそれは今日明日に期待できることではない。短期的には、事実を歪め、不都合な事実を報じない中国メディアに対しては、そうした事実を冷静に指摘しつつ、できるだけ日中のメディアの関係を複線化、複々線化させ、中国メディアがすこしでも正確で公平な対日認識をもって中国社会全体の変化を先導できるよう、粘り強く働きかけていくしかないでしょう。

その際、過去に日本が侵略によって中国に甚大な被害を与えたという事実を踏まえて自己抑制的な姿勢をとりながら、という配慮はやはり必要だと思います。わたしは中国で何度も「歴史認識」問題について講演・講義しており、その際中国の過剰なナショナリズム、問題を対日外交カードとして悪用する中国政府の姿勢、中国報道の一面性と事実の歪曲などを率直に批判してきましたが、そのときも一九三一～四五年の戦争が日本による侵略戦争であって、中国の人々に甚大な被害を与えたという事実には、必ず触れるようにしています。

歴史の解釈をめぐって中国側と厳しいやりとりになったことは何度もありますが、感情的になって議論が成り立たないといったことは一度もありません。北京の清華大学で「歴史認識」にかかわる講演が予定されていたとき、小泉総理がその前日に靖国参拝してしまったことがあります。大学当局は一時講演の中止も考えたようで——結局、厳重な警戒態勢の下で講演することができました——、聴衆もぴりぴりして極度に緊迫した雰囲気でしたが、そのときでさえ聴衆は静かにわたしの講演を聴き、厳しいけれど礼儀にかなった形で質問をし、意見を述べ、わたしの反論も冷静に聴いてくれました。

日本のメディアと、世界全体の動向に大きな影響を与える欧米のメディアの問題については、『文藝春秋』二〇一四年十一月号と『中央公論』二〇一五年三月号で触れましたが、ここでも簡単にお話ししておきましょう。

日本のメディアに対しては、以前より明らかに不信感が強まっています。慰安婦問題の報道で、『朝日新聞』をはじめかなりの新聞が重大な虚偽を含む吉田清治氏の叙述を真実として報道し、虚偽であることがわかったあとも長い間直そうとしなかった問題や、テレビが「やらせ」を含む煽情的な番組づくりを続けているという問題が、こうした不信感の根っこにあります。自分の思う方向に都合のよい事実をつまみ食いして都合の悪い事実には触れない、さらには事実を歪曲して自分の「ストーリー」に沿って誌面・紙面・番組をつくる——多くの週刊誌とテレビではとくにその傾向が強い——やり方がマスメディアの信頼感を傷つけている。それは、こういったメディアにかかわる人たちに真剣に考えてほしいことです。

わたしを含めて多くの人がそういった煽情的なストーリーに弱い、つい「面白そう」と思って読んでしまう、買ってしまう、というのは事実でしょう。メディアも商売ですから、そういう読者がいるからそういう誌面・番組づくりをやっている、という一面は否定できない。しかしそうしたやり方が長期的にみてマスメディアへの信頼感を傷つけ、自分で自分の首を絞める結果になっていることもまた、確かなのではないか。

ただ、少なくとも新聞についていえば、わたしは日本の新聞は全国紙にせよ地方紙にせよ、国際的にみてずいぶんましなほうだ、と思ってきたし、今もそう思っています。日本では全国紙は『読売』『朝日』『毎日』『日経』『産経』の五紙、ほぼ一県一紙という形での地方紙、さらに複数の県にまたがるブロック紙がありますが、国際的に比較して報道の質と公平性、客観性は、全体としてとても高い水準にあると思います。『読売』や『朝日』のような高い質をもつ新聞は、他の国では二紙のせいぜい数パーセントから二割程度しか発行されていません。米国の地方紙は日本の地方紙より一般に国際性、全体の質の点で劣るでしょうし、しかもどんどん消滅して、新聞のない地域が増えている。

韓国の新聞については、ある在日韓国人が「韓国の三大紙（『朝鮮日報』『中央日報』『東亜日報』）は、日本の『産経』みたいなもの」と語っていましたが、これは言い得て妙です。『産経』はしばしば一面的で過剰な韓国批判で有名ですが、発行部数では全国紙中第五位（スポーツ紙を除く）です。これに対して韓国では、発行部数で最上位を占める三紙が『産経』

並みの激しさの——一面的で過剰な——対日批判をおこなっているのです。韓国でも、こうした韓国メディアの極端な反日姿勢を憂慮する学者や政府関係者は少なくありません。

わたしは二十世紀末から激しさを増した韓国メディアの反日姿勢の強さは異常であり、いつまでも続くものではないと思っています——根拠のない楽観論だ、という批判はあるかもしれませんが。ただ、わたしのような考えを単なる楽観論に終わらせないためにも、日本のメディアは韓国メディアへの働きかけに努めてほしいと思います。

たとえば、日本の『朝日』『毎日』『日経』の各新聞は、それぞれ『東亜日報』『朝鮮日報』『中央日報』と提携関係を結んでいます。こうした三紙をはじめ日本のメディアは、韓国のメディアと協力して、広い意味で日韓関係にかかわる多様なテーマ——安全保障、「歴史認識」といった固いテーマから、J-POP、K-POP、韓流ドラマ、韓国料理と日本料理、トヨタやサムスンといった両国の代表的企業の比較、TPPや中国主導のアジアインフラ投資銀行（AIIB）といった経済問題、さらに社会の高齢化、介護、自殺、受験といった共通の社会問題など、テーマはいくらでもあります——を日韓共催のシンポジウムの形で両国の学者、政治家、企業人、NGO関係者、ジャーナリストに論じてもらい、その内容を必ず日韓双方で報道する、そういった試みを持続させ、積み重ねていってほしい。

かつてはそうしたことがあって、わたしも『朝日新聞』と『東亜日報』共催のシンポジウムに出たことがありますが、もう三十年も前の話です。これだけ日韓関係が悪化しているときだからこそ、両国のメディアはそうした努力を重ねるべきではないか。日韓の多様な声を伝えるそうした報道の積み重ねによって、相互の発想、感情、理解、認識の共通点と隔たりが明らかになり、相手方の言動の背後にあるものが次第にわかってくる。もちろん同意することはできないにしても、「なるほど、そうだったのか」という理解は少なくともできるようになってくる。そういった人たちをひとりでも増やしていく。それが、これまでかくも日韓関係を傷つけてしまった日韓のメディアが、自らの社会的責任としてなすべきことだと思います。

「歴史認識」問題は克服できるか

江川　二十一世紀になり、日本の国内ではかつての侵略を否定する声まで出てきている状況であり、片や中国や韓国は日本をますます厳しく批判し、「歴史認識」をめぐる対立は以前より強まっています。この状況を克服して、日本が「歴史認識」について中国や韓国とわだかまりのない関係を結ぶことは、果たして可能なのでしょうか。そのためには、わたしたちは日本国内で、あるいは中国や韓国に対して、さらに国際社会全体に対して、どのような姿勢で臨むべきでしょう？

大沼　日本について「歴史認識」が問題になるのは、ほとんどの場合、一九三一～四五年の戦争で日本が中国をはじめ多くの国に国際法に違反する侵略戦争をおこない、その過程で虐殺などの非人道的行為や深刻な人権侵害を行ったことと、一九一〇～四五年の朝鮮植民地支配で重大な人権侵害を引き起こし、朝鮮民族に強い屈辱感を与えたことにかかわっています。こうした行為について日本は、東京裁判の判決を受諾し、一連の講和条約、賠償協定、国交正常化条約・声明で被害を受けた国に賠償支払いや賠償に代わる経済協力をおこないました。そうした国々の政府も、国内の被害者への部分的な補償をおこなったり、その他の政策で被害者の不満を抑え込んで、日本との国際関係を——国交正常化がなされていない北朝鮮以外は——取り結んできたわけです。

ところが、一九八〇年代以降、日本を含む多くの国々で個人の人権を重視する考えが政治や外交の面でも力を得てきて、とくに二十一世紀には「人権の主流化」といわれる傾向が明らかになっています。また、民主化と情報化の進展によって、メディアを通じた人権被害者の声が、事例によってはきわめて大きな力をもち、政府の行動にも大きな影響を及ぼすようになってきました。こうした傾向によって、過去に被害者や一般市民の声を抑え込んで政府間で合意された「解決」が事後的に問題とされるようになってきました。

「歴史認識」が問題とされる日本と諸国との講和や国交正常化は、一九五〇年代から七〇年代初頭（とりわけ問題となる日韓正常化は六五年、日中共同声明は七二年）になされており、その当時は被害者の人権の観点はほとんど無視されていました。そこで日本と関係国政府が合意した取り決めは、法的にはすべての問題を包括的に解決したことになっているのですが、実は戦時中・植民地支配時代の深刻な人権侵害の被害者には大きな不満と怨念《おんねん》が残っていたのです。そういう人たちが声を上げても、かつては本国の政府も日本も無視していたし、無視できたのですが、人権が「主流化」した今日ではそうはいかない。たまたま新聞やテレビなどのマスメディアが大々的に報じたり、ネット上で大きく話題になると、政府としても取り組まざるを得ない。

日本政府の官僚たちはとても有能な人たちですが、こういったタイプの問題への対処は大変苦手なのです。また、韓国では「運動圏」と呼ばれる在野の活動家、NGOなどが強い力をもち、慰安婦問題などではほとんど政府に当事者能力がないといっていいくらい、社会的な影響力がある。中国でも、共産党と政府が絶対的に民衆を従わせる時代は遠い昔のことで、二十一世紀の今日では、ネット上で燃えさかる共産党・政府の対日「弱腰」姿勢への批判・非難に神経を使わなければならない。

諸国の政府は、曲がりなりにも自らが公的存在であって公共的な責任を負っていることを自覚していますが（そうした自覚をまったくもたない政府もあるが、少なくとも先進国の政府は自覚している）、メディアや社会活動家、NGOは、時にきわめて強い社会的影響力をふるい、政治の動向を左右することさえあるのに、そうした巨大な力をもつようになったのがつい最近で、自己の権力性への自覚に乏しい。こうした在野の主張を報じるマスメディアは、どうしても「正義」を掲げて他罰的な報道・主張をする傾向があるし、ネット上の言説は匿名性をよいことに、きわめて煽情的で他罰的な言説が蔓延することになってしまう。とくに日韓のように民主主義が制度化され、言論の自由と政治的・社会的活動の自由が保障され、メディアと在野の諸勢力が強い力をもつに至っている社会では、そうした在野の諸団体も、自己を弱者と考えるだけでなく、社会的影響力をもつ強者であり、政府と同じように大きな公共的責任を負っているのだ、という自覚をもつことが決定的に重要だと思います。

「歴史認識」問題が二十一世紀に再燃しているもうひとつの理由は、一部の途上国が二十世紀後半から二十一世紀にかけて経済発展を遂げ、現在先進国となっている旧植民地支配国への経済的依存状況から徐々に脱しつつあるということです。

二十世紀後半、途上国の多くは非常に貧しかったので、その国民は生きるのに精一杯でした。また、国家としても経済力が弱かったので、現在先進国となっているかつての列強、帝国主義諸国から戦争や植民地支配で重大な被害を受け、その後も不平等関係で屈辱を味わってきたのに、先進国に対して補償や謝罪を要求したくてもできなかったのです。ところが、国家として一定の経済力をもてば、経済的な不利益を被ることを恐れて要求を控える必要がなくなる。国民も自己が被った被害を「人権侵害」と考えることができるようになってくる。かつては日本よりはるかに貧しく、経済的弱者の立場にあった中国と韓国が日本に対して強い主張をするようになり、韓国や中国の国民が「人権侵害」を理由に日本や自国政府を批判し、訴えるようになった理由のひとつは、こういった両国の経済的地位の向上、国民の人権意識の向上にあります。

このことは今後の世界を考えるうえで示唆的です。英仏の旧植民地の多く、とくにアフリカの旧英仏植民地の国々は、経済的にまだきわめて弱体であり、国民も生きるのに精一杯という国も少なくない。他方、英仏をはじめとするかつての欧米列強は、第二次大戦の戦勝国として、先進国として、二十世紀後半の世界を指導し、国際社会の運営を担ってきた国々であって、欧米中心の発想を基本的に維持して今日に至っている。そうした状況下では、韓国が日本に対して強く主張しているような、旧宗主国の植民地支配の責任は、そもそも問題にならない。こうして、第二次大戦後、「歴史認識」にかかわる問題は、日本とドイツの「専売特許」の様相を呈していたわけです。

けれども、二十一世紀になって、二十世紀の欧米中心の世界秩序は明らかに揺らいできている。中国は急速に強大化し、現在世界第二の経済大国であり、近い将来米国を凌駕《りょうが》して世界一の経済超大国になるとも予想されています。むろん、しばらくはひとりあたりの国民所得は日本や米国よりはるかに低水準にとどまるでしょうし、世代別人口のいびつな構成や共産党独裁体制が崩壊する可能性など、予測も多々あります。わたしも、軽々に中国の将来を予想することは控えるべきでしょう。

ただ、中国を含む個々の国々の予測はともかく、こうした経済発展・大国化は、インド、インドネシア、トルコなど、中国以外の非欧米諸国にもみられる、二十一世紀に顕著な現象です。相対的にみて、米国・西欧諸国といった、第二次大戦前は列強として戦後は先進国として二十世紀に世界を牛耳っていた諸国の影響力が低下し、かつて植民地支配や列強の軍事的・経済的干渉に苦しんだ国が欧米先進国に経済的に肩を並べつつある――長期的には凌駕する可能性もある――ことは、人類史の全体的趨勢のように思われます。

このように、非欧米諸国が経済力をつけ、国際的発言権を高めていくなかで、これまで日本が中国や韓国から批判されてきたような構図が、こうした国々とかつての植民地支配国である欧米先進国との間でみられるようになるかもしれない。英仏が旧植民地諸国から過去の支配やその間おこなわれた深刻な人権侵害について謝罪や補償を求められるかもしれない。米国がくり返しおこなってきた軍事的・経済的干渉について中南米諸国から、植民地支配していた時期における悪行についてフィリピンから、枯れ葉剤使用や一般市民の虐殺などについてベトナムから、その責任を追及されることがあるかもしれない。中国は、日本との関係で「歴史認識」問題を外交のカードとして使ってその有効性を熟知しているので、中国に不平等条約を強いて租界やさまざまな権益をむさぼった欧米先進国に対して、外交カードとしてこれからも使う可能性が高い。

日本ほどではありませんが、欧米諸国も旧植民地だった国や国内からの批判に応えて、一定程度植民地支配時代の残虐行為などへの反省を示すようになっています。二〇一三年にインドを訪れたキャメロン英首相は、植民地時代に英軍の将校が多数のインド市民を射殺した現場を訪れ、献花・黙禱して、「英国の歴史において深く恥じるべき出来事であり、ここで起きたことを決して忘れてはならない」と述べました。それを評価する声がある一方、謝罪しなかったことへの批判も出ています。ほかにも同様のケースは出てきており、こうした傾向を「謝罪の時代」の始まりと解する学者もいます。

日本には、同じように植民地支配をやっていながら、なぜ日本だけが非難されるのか、せいぜい日本のほかはドイツが「加害者」として挙げられるが、いつも「ドイツはよくやったが、日本はまだ反省・謝罪が足りない」といわれるのはおかしい、という不満、不公平感が以前からありました。二十一世紀になって「歴史認識」がますます争点化するにつれ、こうした不公平感はさらに強まっています。わたしはこうした不公平感は当然であり、正しい感情・思いだと思っています。日本国民は、日本を批判しながら、植民地支配、ベトナム、中南米諸国への軍事干渉、国内での非道な弾圧など、自分たちの過去の負の側面には向き合ってこなかった西欧や米国、中国やロシアを批判してよいし、批判すべきだと思います。わたし自身、そういった作業を一九八〇年代から続けています。

江川　批判をするうえで、わたしたちは、欧米だって悪いことをやってきたのだから、日本がやって何が悪いのかといってしまいがちです。

大沼　それがよくないのですねえ。それをいったとたんに、批判に耳を傾けようとした欧米の人たちも、「要するに自分たちの過去を正当化したいから、俺たちを批判しているんだろう」と、身を固くしてしまう。せっかくの正当な批判が説得力を失ってしまう。そして、「おまえのほうが悪い」「いや、おまえのほうがもっと悪い」という子供の喧嘩、際限のない泥仕合に陥ってしまう。もったいない話です。そこはほんのすこし我慢しませんか。「無限に頭を垂れる」ことはできなくても、そこをちょっと踏みとどまるくらいの我慢は、江川さんでもわたしでもできると思う。

日本国民の多くは戦後、二十世紀の戦争は日本が犯した重大な過ちであり、そのおかげで自分たちの両親、祖父母の世代を三百万人以上死なせてしまったのだから、それを教訓にして戦後平和で経済的に繁栄した国をつくるのだと、必死に働いてきたわけです。そして、そうした思いを基に、わずか半世紀で、他の国々が驚嘆するような平和で安全で豊かな、そして貧しい国々に経済協力・技術協力をおこなって途上国の経済発展、衛生の向上、多様な文化の享受を助ける、そういうすばらしい国を築き上げたのです。一九九〇年代から経済的な不振が続いているといっても、それでもなお安全で、清潔で、国民健康保険や宅配便、信頼性の高い、笑顔の銀行窓口など、いかなる先進国でも考えられない高度な社会的サービスが受けられて暮らしやすい、諸外国からうらやましがられる国なのです。

それだけすばらしい国だからといって、もちろん完璧ということはあり得ない。欠点も負の側面も多々あります。国が抱える膨大な借金は大変な問題だし、高齢化と少子化、予算・人員削減による大学の研究教育の劣化、多くの地方の町や村の「崩壊」など、問題は多々あります。「歴史認識」問題も、そうした負の側面のひとつではあるでしょう。

日本国民の経済的繁栄のうえでも、国家の安全保障のうえでも、どんなことがあっても仲良くして生きていかなければならないお隣の大国・中国とは、「歴史認識」も大きな原因となって、近い将来武力紛争に発展しかねない、とげとげしい関係が続いている。その中国や、安全保障上のもうひとつの脅威である北朝鮮との関係の面からも、さらに今後は「観光立国」に経済繁栄の活路を見出すべき日本として大事にしなければならない、もうひとつの隣国・韓国とも、この問題が友好的な関係の障害になっている。さらに、先にお話ししたさまざまな美質から国際社会で高い評価を受けている日本が、こと慰安婦問題をはじめとする「歴史認識」にかかわる否定的なイメージのおかげで、その評価がかなり曇っている。

そもそも、「歴史認識」にかかわるいろいろな問題について、戦前の日本の対応は非常に悪かったのです。中国人や朝鮮人を見下し、侵略と植民地化の対象とし、東南アジアの人々も「南洋の土人」と蔑視していた。欧米の列強がもっていた人種主義・民族主義的偏見を戦前・戦中の日本人は色濃く共有していたし、自国の利益のためには他国に武力を行使するのも――これまた欧米の列強と同じく――厭《いと》わなかった。それが、敗戦により戦前・戦中の軍国主義を深く反省し、一貫して世界でもっとも武力行使に用心深い、平和主義的文化の社会を営んできた。戦後しばらくは敗戦国民としての自分たちの生活の再建に精一杯で、考える余裕がなかった、中国をはじめとする他国への侵略の自覚とそれへの反省も、一九七〇年代から次第に社会に定着して、国民全体に共有されてきた。侵略の自覚に比べて遅れていた、過去の植民地支配の自覚と反省も徐々に共有化され、先ほど述べたように、そうした自覚を欠く欧米先進国より進んだ取り組みがなされてきたのです。

そのように一歩一歩積み上げてきたすぐれた遺産を、二十一世紀になって、嫌韓・嫌中の感情の爆発で捨て去ってしまうのは、あまりにももったいない。韓国（人）がまちがったことをいっているなら、「それ、おかしくない？」といってみればいい。中国がけしからんことを主張するのなら、「その根拠は何ですか？」と聞いてみればいい。欧米が自分のことは棚に上げて日本を批判していると感じたら、「それではあなたの国は自国の過去の負の側面にどう向かい合っているのですか？」と訊いてみればいい。

ただそこで大切なことは、先ほどもいったように、その問い返しが単に自己や日本の正当化のためであってはならない、ということです。

自国を悪くいわれるのはいやだ、というのは自然な感情で、決してまちがった感情ではありません。しかし、日本人が日本を好きなら、韓国人は韓国を、中国人は中国を、好きなはずです（世論調査をしてみると、自国が好きかどうかは国によりずいぶん差があります。これは、調査の質問のあり方とか、世論調査の信頼性など、興味深い問題があるのですが、ここでは立ち入りません）。そして、自国への批判であれ、他国への批判であれ、それがどの程度多面的な事実にもとづいたフェアな批判かということが重要なのです。自分では正しい、当然だ、と思っていることが、外国からみればとんでもない、ということも、山ほどあります。反論されたらカッとならずに自分の「常識」と相手の「常識」を冷静に比べ合わせて、なぜ自分と相手がそう思い込んでいるのか、検証してみるといい。なぜ違ったことを当然だ、と思い込んでいたかをお互いに理解するだけでも、「歴史認識」をめぐるとげとげしい対立がすこしは緩和されるものです。

「歴史認識」をめぐっては、日本国内でも感情的な論争になりがちですが、今お話ししたことは、国内の論争にもあてはまることでしょう。

最後に、一九七〇年代から「歴史認識」にかかわる問題に取り組んできてつくづく思うのは、社会というのは、よいこともすれば悪いこともする「俗人」と、ごく一握りの聖人と大悪人からなっているということです。わたし自身、かなり背伸びをして「戦後責任」を主張し、差別はけしからんなどといっていたのですが、しょせん俗人ですから実際にやれることはほんのちょっぴり。わたしのまわりで正義を唱え、正論を吐いている人も、ほとんどわたしと似たような人であって、聖人はまずいない。ですから、「歴史認識」をはじめとして社会のあり方にかかわる議論は、社会というものがこうした俗人からできているのであって、聖人の行動を求めるべきではない、という認識を頭の片隅に置いてやったほうがいい。自分自身を含めた、人間の不完全さを意識した姿勢。それが、「歴史認識」といった、とかく意見の違う人を「論破しよう」という衝動が働きがちな問題ではとくに大切だと思います。

かつては、「聖人」の議論をするのは、「護憲派」に代表される「左翼」「リベラル」であって、「保守派」からは「世のなかを理窟だけで動かそうとしている」「青い」議論、観念的な理想論とされてきました。ただ、そのような「保守派」にも、健全な社会をつくっていくにはこうした青い理想論も必要であって、それを建て前のうえだけでなく、実際の社会の運営にも一定程度取り込むという、保守主義の知恵があったわけです。ところが、一九九〇年代以降、「保守」を称する人たちの間にも、こうした人間の不完全さを無視した、歴史と社会に、つまり人間というものにとても無理な要求を主張する人が増えてきた。

たとえば東京裁判への評価です。東京裁判にいろいろ欠点があるのは第1章で述べたとおりです。でも、数千万人の犠牲者を出した第二次大戦のあとで、責任者を追及しない、処罰なしで済ますということは、およそ社会が人間からなっている以上、あり得ない。国際裁判に代わるのは日本自身の裁判か、連合国による即決処刑。前者が茶番に終わっただろうことは、政府の一部にあった「自主裁判」構想が、占領軍に裁判をされる前に自分たちで裁判をして、戦争責任者たちに軽い刑罰を科して事実上免罪にしてしまおうという卑劣な動機にあったことからして明らかだし、後者は野蛮な慣行への歴史の逆行です。

日本と連合国の講和を「苛酷な講和」という「保守派」もいるようですが、人類の歴史、さらに日本と戦った国々にもわれわれと同じ人間がいるのだということをよくよく考えていただきたい。戦勝国にも多くの家族を殺され、重傷を受け、強姦された多くの国民がいる。まして日本が戦った一九三一〜四五年の戦争は、日本が攻めてこられた戦争ではない。日本軍が中国で戦い、真珠湾を攻撃したことから始まった戦争なのです。日本は約三百万の人が亡くなりましたが、中国をはじめ日本と戦った国々はおそらくその三〜五倍程度の人たちが日本軍に殺されている。

そうした戦争をやった日本が、サンフランシスコ平和条約でも、日中共同声明でも、基本的には連合国が対日賠償を放棄する形で講和・国交正常化がなされたのです。これを「苛酷」というのは、連合国に天使であれというに等しい。むろん、連合国側にはいろいろ思惑があって寛大な講和・国交正常化の方針をとったわけですが、それはまた別の問題です（第2章で詳しく話しました）。

大部分の人間は俗人だし、国家というのは「非道徳的な社会」（ラインホルト・ニーバーという米国のすぐれた保守主義者・神学者のことば）ですから、人間よりもっと悪い行動を取る。世界で生きていくうえで、わたしたちは、「よりましな悪（lesser evil）」を求め、それを積み重ねていくしかないのです。

過去には信じられないような不正義があったし、それを知ってしまったわたしたちが不正をただすために行動を取ることは大事です。わたしもそう信じて一九七〇年代からものを書いたり、社会的に発言したり、市民運動に従事して不正をただそうとしてきました。

ただ、社会にとっての価値、人間にとっての美徳は、正義だけではありません。多様な被害者が求めるものも、「正義の回復」だけではない。それは、わたしたち自身にとって日々生きていくうえで正義だけが大切なわけではない、ということを考えてみればすぐわかることです。美味しい食事、優しさ、笑い、情感、ユーモア、相手のいっていることを理解できた、という快感、所作の美しい人や謙虚な人から受ける好感情、こういったさまざまなものが、わたしたちの生を豊かなものにしてくれる。

「歴史認識」という「固い問題」も、こうしたごくあたりまえの生活感のなかで、あまり肩肘張らずに考え、語り合い、自分の考え自身を絶えず疑いながら、その考えに従って行動していけばよいのではないでしょうか。

かつて、がちがちに肩肘張って「歴史認識」問題に「立ち向かっていた」自分がこういうことをいうのは、自分でも驚いているのですが。

聞き手をつとめて

江川紹子

時間が解決してくれる問題もあるが、「歴史認識」をめぐる対立は、そういうわけにはいかないようだ。韓国や中国との間の「歴史認識」の齟齬《そご》は、以前より今のほうが深刻になり、その影響もあちこちに出ている。

日本が、明治時代の産業革命を主導した複数の施設をユネスコの世界遺産として登録しようとすると、その施設では強制徴用された朝鮮人が働かされていたとして、韓国は当初反対を表明し、ユネスコの委員国に働きかけを始めた。こうした施設では、多くの中国人が強制連行などで労働を強いられ、命を落とした人も多い。中国も韓国に同調して、遺産登録反対を表明した。また、核兵器不拡散条約（NPT）再検討会議においては、世界の指導者や若者が広島・長崎を訪れて、核兵器使用の結果を自分の目で確認し、被爆者の証言に耳を傾ける、という文言を最終文案に盛り込む、という日本の提案は、中国の激しい反対によって、削除された。この提案には、日本が第二次世界大戦の加害国から被害国への転換を図る歴史歪曲の意図が込められている、というのが、中国の言い分だった。

中国に関しては、日本側が〝寝た子〟を起こした観がある。二〇一三年四月の参議院予算委員会で、安倍晋三首相が「侵略という定義については、これは学界的にも国際的にも定まっていない」と発言。同年暮れには、靖国神社を参拝した。日中国交回復の際、かつての侵略は一部の軍国主義者の責任であり、日本国民は自分たちと同様の被害者である、という理窟で、日本に対する賠償を放棄した中国としては、その「一部の軍国主義者」として処刑されたA級戦犯を祀る靖国神社を日本の首相が参拝したことは、「歴史認識」をめぐる暗黙の合意を、日本がひっくり返したように映っただろう。

そうだとしても、被爆地訪問の提案まで悪意に取らなくてもいいではないか……というのが、日本の多くの人々の率直な思いではないか。互いの「歴史認識」のズレは、次第に広がっているように思う。

日本側が過去の負の歴史に早く終止符を打とうとすればするほど、中国や韓国は批判を強める。戦時中に労働を強いられた人たちの未払い給料や損害賠償など、法的には「解決済み」だったはずの問題も、新たにそれぞれの国で日本企業を相手取った訴訟が起こされるようになり、これもにわかに今の課題になってきた。

そうした中韓の対応に、日本のなかから不満の感情が広がる。それは、中国や韓国に強い反感を持っている一部の人たちだけでなく、一般の市民の間にも薄く広く広がっているように思う。日本の言論NPOと韓国のシンクタンクEAI（東アジア研究院）が二〇一五年四〜五月に行った世論調査では、韓国に対する印象を「良くない」（「どちらかといえば」を含む、以下同様）と回答した日本人は、五二・四％と半数を超えた。韓国では、日本に対する悪感情はもっと広がりをもっていて、日本に対する印象を「良くない」と回答した韓国人は、七二・五％に上った。

そうした悪感情の源は、「歴史認識」をめぐる対立。「歴史認識」の問題は重要性が増している。そんななか、日本の戦争責任・戦後責任について実践的に研究されてきた大沼先生が本を出されることは、至極当然で、誰も不思議に思わないだろう。ただ、そこに私のような素人が出てくるのはなぜか。これには違和感を覚えている人もいるだろうから、少し事情を説明しておきたい。

私が初めて先生の謦咳《けいがい》に接したのは、二〇一三年五月。慰安婦問題に関する橋下徹《はしもととおる》・大阪市長の発言をめぐって、大騒ぎになっている時期だった。

橋下氏は、同月十三日昼の報道陣のぶらさがり取材に対して、「侵略と植民政策がアジアの諸国のみなさんに多大な苦痛と損害を与えたことは、お詫びと反省をしなければいけない」とする一方、「違うことは違うって言わなきゃいけません」として、慰安婦に関して、次のように発言したのだった。

「日本軍だけじゃなく、いろんな軍で慰安婦制度を活用していた。そりゃそうですよ、あれだけ銃弾の雨嵐のごとく飛び交う中で、命かけて走っていくときに、精神的に高ぶっている集団を、どこかで休息させてあげようと思ったら、慰安婦制度ってのは必要だということは、誰だってわかるわけです」

さらに橋下氏は、「慰安婦制度じゃなくても、風俗業は必要」と述べ、沖縄で米兵の性的欲求をコントロールするために、もっと風俗業を活用してほしいと米軍の司令官に〝助言〟したエピソードも明かした。この発言が、米軍側の反撥を招いた。先の「慰安婦制度は必要」発言と相まって、海外からも批判が殺到。橋下氏は、外国特派員協会で弁明の記者会見を開き、予定していた訪米も中止せざるをえなくなった。当然のことながら、韓国・ソウルを拠点に、慰安婦問題について日本の国家賠償を求めてきた「韓国挺身隊問題対策協議会」(挺対協)は猛反撥。橋下発言を、「日本による侵略戦争の犠牲者に対する侮辱だ」と激しく非難した。日本国内の世論調査では、四分の三という圧倒的多数が橋下発言を「不適切」とし、橋下氏が共同代表を務める「日本維新の会」は支持を急落させた。

一方で、橋下氏を擁護する声もあった。当時、橋下氏とともに「日本維新の会」共同代表を務めていた石原慎太郎《いしはらしんたろう》氏は、「軍と売春はつきもの。そんなに間違ったことは言っていない」と橋下氏を庇《かば》った。ただ、日本の侵略がアジアに損害を与えた事実を認める橋下氏に対し、石原氏は「侵略じゃない」と否定。ネット上や保守メディアでも、「(橋下氏は)よく言ってくれた。言うべきことは言わないとダメ」「当時は軍の規律を守るため(慰安婦制度が)必要だった。世界各国が持っていた」「戦争とはそういうもの」と、橋下氏を後押しする発言も目についた。

賛否双方の意見が渦巻くなか、私は慰安婦問題についての本を何冊か慌てて買い込んだ。橋下発言には強い違和感を感じながら、私自身がこの問題について、不勉強なことも自覚させられたからだ。

そうしたにわか勉強のなかで出会ったのが、大沼先生の『「慰安婦」問題とは何だったのか』(中公新書)だった。そこでは、「アジア女性基金」が行った元慰安婦への償い事業の経緯とともに、なぜそれが韓国などではうまくいかなかったのか、という分析が、さまざまな角度からなされていた。

その内容は、私には衝撃的だった。アジア女性基金が設立された一九九五年は、戦後五十年の節目の年であると同時に、一月に阪神・淡路大震災、三月に地下鉄サリン事件という、大きな災難に見舞われた年であった。地下鉄サリン事件直後、警察がオウム真理教に対する強制捜査を始め、私は、それまで行っていた取材をすべて放り出して、オウム問題にかかりきりになった。同年六月の女性基金設立の発表も、七月の基金発足も、八月の村山首相談話も、ニュースは見ていても、深く知ろうとすることもなく、ただ聞き流していたのが、本当のところだった。挺対協や日本の支援者が、国民からの募金で償い事業を行うことに強く反撥していたのは知っていたが、では、どういう内容の事業が行われていたのか、詳しくは知らずにいた。

本を読んで、事業ではかなりのことが行われていたことを知った。にもかかわらず韓国でうまくいかなかった一因に、日韓ジャーナリズムの姿勢もある、ということだった。私は、今の状況を踏まえたお話をうかがいたくなり、先生が特任教授として教鞭を執られていた明治大学の事務局を通して、インタビューを申し込んだ。先生はすぐに応じてくださり、その日のうちにインタビューが実現した。

先生は、なぜ「慰安婦問題」が「問題」のまま続いているのか、橋下市長の話に共感する人たちが出てくるのはどうしてなのか、という難しい話を、穏やかに、けれども熱のこもった口調で語られた。

こうした問題になると、とかく糾弾調や異論を切って捨てる強い口調の議論が多いなか、大沼先生の話は全く違っていた。自国の負の部分を強調する「自虐」でもなく、逆に負の部分から目をそらして自国の正当性を言い募る「独善」でもなく、あるいは今の状況を作った〝犯人〟を探して責め立てるのでもない。冷静に事実を見つめ、原因を探り、現象を理解しようと努める。被害者である元慰安婦に対して心を寄せる一方、韓国の対応の問題点を指摘し、これまでの平和主義的な教育に反撥する日本の若い人たちの心情も受け止める。異論をも包み込み、そこから学び取ろうという姿勢は、先生が真摯な学者であることを示していると同時に、日本の戦争責任・戦後責任の問題と実践的に向き合ってきたなかで培われた包容力、バランス、忍耐力のたまものなのだと思った。

インタビューの内容をまとめ、インターネット（http://bylines.news.yahoo.co.jp/egawashoko/20130525-00025178/）で公開したところ、二日間で十万人もの人からのアクセスがあった。読んでくださる方はその後も増え続け、共感のコメントもたくさん寄せられた。多くの人々が、強い言葉を投げつけ合う極論ではなく、事実と理性とまっとうな人権感覚に基づいた専門家の話を求めていたのだ、ということを実感した。

そういうことがあって、今回の「歴史認識」に向き合う本では、私が聞き手や本の構成役として関わることになった。テーマに沿って質問を用意し、先生の自宅で話をうかがう、ということを繰り返した。本書は、いわばその講義録である。

「自虐」でもなく「独善」でもなく、事実と理性とまっとうな人権感覚に基づいて、未来を展望する大沼先生の話は、これだけ深刻な状況にある「歴史認識」の問題に、大いに希望を感じさせるものだった。

今は日本ばかりが責められているように感じているかもしれないけれど、侵略や植民地支配を行ってきたのは日本だけではない。アジアやアフリカの諸国が経済的に発展していけば、欧米諸国も同じように、過去の侵略や支配の責任を問われる事態がありうる、という話は、とりわけ示唆的だった。そう考えると、日本は高齢化だけでなく、「歴史認識」をめぐっても、世界のトップランナーといえるだろう。だからこそ、私たちはどのようにふるまうかを考えなければならない。

そんな話に、目から鱗《うろこ》が落ちる思いだった。

「歴史認識」を問い直すことは、他国とのつきあいをうまくやるためではなく、日本がどういう国であろうとするのか、つまりは日本の〝国柄〟を考えるために大切なのだ。過去を振り返るためというより、将来の日本のありようを決めていく土台として、「歴史認識」は重要なのだ。にもかかわらず、私たちは、国の外から聞こえてくる声に、少し翻弄《ほんろう》されすぎているかもしれない。

この、あるべき「歴史認識」についての思索を、大沼先生が惜しみなく披瀝《ひれき》されたのが、この本だと思う。出来上がった本を、私も何度も読み直し、私たちの国の今とこれからを、読者の方々と一緒に考えていきたいと思う。

語り手のあとがき

大沼保昭

「歴史認識」にかかわるもろもろの問い。江川さんから次々に繰り出されるが、聞き方がうまいせいか、そのときは何とか答えたつもりでいる。でも、あとから江川さんがまとめてくれた原稿を読んでみると、疑問が次々と湧いてくる。結局、最初の答えは、よく調べてみると、まちがい、不正確、拙《つたな》い表現、といった問題だらけで、自分で読んでいて落ち込んでしまう。よくぞ江川さんと編集者は、こんな語り手に終始笑顔でつきあってくれたと思う。

本書は「はじめに」で、東京裁判、戦争責任、「慰安婦」問題といった、極端に論者の主張が分かれ、対立するテーマにかかわる「見取り図」を、読者にわかりやすく示すことを目標に掲げた。実際にやってみると、新書という限られた紙数のなかで、学問的正確さを損なうことなく、こうした見取り図を描き出すのは至難の業だった。

悪いことに、わたしにとって本書執筆の二〇一五年前半は、国際法の英文教科書を書き上げるという国際法学者としてのライフワークと、仏文の論文集を刊行するという、これまた長年のプロジェクトの最終段階に重なっていた。また、二〇一五年三月はオウム真理教徒による地下鉄サリン事件から二十年にあたり、問題の専門家である聞き手の江川さんはこの時期多忙を極めた。

こうして、ともすれば「時間がとれない!」とごねるわがままな二人を——決して「叱咤」することなく——ひたすら「激励」して、本書完成に向けて背中を押し続けてくれたのが、編集者の小野一雄さんである。江川さんがまとめてくれた原稿には、わたしの手元で真っ赤になるくらい修正加筆の朱が入った。そのように、自分でも判読できない、しかもファックスで送られた原稿を、正確に打ち直し、加えて、わたしと江川さんのすさまじい資料調査の要求に応えるという超人技を見せてくれた小野さんには、感謝のことばしかない。

内容のチェックについても、本書は実に多くの方々の厚意に恵まれた。

「歴史認識」にかかわる問題は、とにかくどこからでも矢弾が飛んでくる。これはわたし自身、「慰安婦」問題でしっかりと味わったとおりである(『「慰安婦」問題とは何だったのか』

参照）。自分ではいくら学問的に厳密に、客観的に、公平に書いたつもりでも、ある人からみればわたしは度し難い「自虐」論者だし、ほかの人からみると政府に魂を売った「御用学者」にされてしまう。

本書も、一部の人たちからはそう受け取られてしまうのかもしれない。ただ、わたしとしてはそうした「激論」「対立」の構図は不毛であり、他者を傷つけ、自らを貶めるものであると考えてきた。それは国内であれ、日中・日韓の間であれ、同じである。

およそある言説が公になされたものである以上、自分と見解が異なる他者の立場に立ってその人の主張を理解しようと努め、共通の認識と解釈を育もうとするのは、言説をなす者の責務のはずである。それは、言説の媒体が単行本や雑誌、テレビや新聞であれ、あるいはウェブ上の空間であれ、変わらない。

ただ、自分ではフェアでありたいと思っても、偏見のない人間がいない以上、異なる認識をもつ他者からみれば、わたしの議論にも必ず偏りはあるだろう。それを正すには、同じ問題に真摯に取り組みながら、自分とは異なる認識をもつ人に自らの見解を示して、それへの批判を仰ぐほかない。

こうして、わたしは本書で扱った問題について、研究者、あるいは実務の面で取り組んできた多様な方々に、原稿を読んでいただき、誤りを指摘し、批判的見解を聞かせてくださるよう、お願いした。これに対して、石田勇治（ドイツ近現代史）、内海愛子（BC級戦犯、東京裁判、戦後補償）、宇田川幸大（東京裁判）、木村幹（韓国の「歴史認識」、韓国現代史）、熊谷奈緒子（慰安婦問題）、外村《とのむら》大（在日朝鮮人史、植民地期の朝鮮社会）、長谷川三千子（哲学、思想史）、秦郁彦（慰安婦問題、昭和史、軍事史）、三谷博（日本近現代史、教科書問題）、毛里和子（現代中国政治、東アジア国際関係）、吉田裕（戦後日本の戦争観、戦争責任、日本近現代史）、吉見義明（慰安婦問題、昭和史）などのすぐれた日本の研究者の方々、中国、韓国の歴史学者と国際法学者、外務省で「歴史認識」にかかわる具体的問題に携わってきた方々、雑誌の編集者などからご意見をいただくことができた。

これらの方々のなかには具体的問題についてわたしと大きく見解を異にする方もすくなくない。基本的な視座から細部の解釈に至るまで、「ここまで辛口のコメントをくれるか」と思わず天を仰ぐほど厳しい意見もあった。しかし、率直で忌憚《きたん》のない意見をいただけることは研究者として何よりもありがたいことであり、本書を仕上げる過程で極力それらの意見を反映させるよう、努めたつもりである。ご意見をくださった方のなかには最後まで解釈の違いが残る方もあり、わたしの能力の限界もあって、結果は本書をご覧いただくしかないが、貴重な時間を使ってご意見をくださったこれらの方々には、心から感謝を申し上げる。

聞き手の江川紹子さんとの共同作業は、わたしからのラブコールを彼女が受け止めてくださって実現した。

オウム真理教問題を中心に、すぐれた著作を公にしているジャーナリストという認識しかなかった江川さんから、慰安婦問題について突然取材の申し込みがあったのは、二〇一三年五月のこと。『「慰安婦」問題とは何だったのか』に書かれていたメディア、ジャーナリストの責任ということを、自分自身の問題として考えたものだから」ということばに動かされてインタビューを受け、テープ起こし原稿の完成度に「さすが」と感服した（職業柄、インタビューは数多く受けているが、そのまとめ方の腕にはインタビュアーによって天地ほどの差がある）。

もっと驚いたのは、ネットに載せた江川さんのインタビューを取り上げた『朝日新聞』の論壇時評（二〇一三年五月三十日）だった。時評を担当する作家の高橋源一郎氏は、わたしのしゃべり方を「静謐《せいひつ》で、すこし哀《かな》しげな」と評した。

「え、これってわたしのこと？」と驚いたし、まわりはもっと驚いた。これまで、「攻撃的で、生意気な」といわれたことは多々あれ、「静謐」、とくに「哀しげ」は、わたしにもっとも縁遠いことばだったからである。

ただ、よく考えてみると、思い当たる節がないでもなかった。

市民運動に長年従事してきたわたしにとっても、慰安婦問題ほどやり切れなく、徒労感に押しつぶされたものはなかった。わたしが深くかかわったアジア女性基金による元慰安婦の方々への償いは、これに否定的な態度をとるメディアの圧倒的な力の前で、よかれと信じて力を尽くしたことがごく一部の被害者にしか届かず、誤解をもったまま基金の償いを受け取らずに亡くなっていく被害者の方々に何もできず、長年好きな国だった韓国が好きでなくなってしまうという、自分でも心底嫌な感情をもって活動を終えざるを得なかった。

そうした二〇〇七年の基金解散時のわたしの徒労感と鬱積は、時間が経つにつれ、自分では考えてもみなかった「哀しい」という感情に転化していったのかもしれない。すぐれたジャーナリストである江川さんは、本人も気づかなかったそうした感情をすくい取ってくれたのかもしれない。高橋氏は、江川さんの文章に隠された、語り手も気づかなかったそうした感情を、作家の勘で感じ取ったのかもしれない。高橋氏の論壇時評を読んで、不審に思って考え、たどりついたのはそういう思いだった。

中公新書の編集部と本書の企画を考えているときに思い出したのは、右の江川さんのインタビューとそれに対する高橋氏の評だった。

わたしはこれまでかなり多くの本や論文、エッセーもどきを書いてきたが、学者の悲しさ、人の心の奥深くに届くようなものを書けていない――学者のなかにも稀《まれ》にそういうものを書ける人はいるのだが――という思いが常にあった。

二十一世紀の日本社会の構成員にとって、また海外、とくに中国や韓国の人々にとってもとても大切な「歴史認識」にかかわる本書は、できるだけ多くの人に読んでもらい、読者の心に痕跡《こんせき》を残すものであってほしい。それが本書を企画したわたしの大きな願いだった（だからわたしは、本書ができれば中国と韓国で訳されてほしいし、英訳版も出てほしいと願っている）。そのためには、右に述べたように、自分にはない力をもっている江川さんに協力してもらいたい。そういう気持ちで江川さんに聞き手の役割をお願いしたのだった。

嬉しいことに江川さんは快諾してくれたが、彼女も日本の代表的なフリーのジャーナリストであり、多忙を極めていた。わたし自身も、先に述べた二つの大きなプロジェクトを抱えており、しかも二〇一四年は入退院をくり返して本書の仕事に十分取り組むことができなかった。ただ、二〇一四年の十月から一五年の一月には明治大学法学部で「歴史認識」にかかわる問題を考える授業をおこない、ほぼ同時期に朝日カルチャーセンターで同旨の講座の企画にかかわり、自分も「歴史認識」はなぜ食い違うのか」という講義をして、ようやく本書の骨格を固めることができた。同センターの石井洋子さんには心からお礼を申し上げたい。

二〇一五年一月から始まったインタビューは、周到な準備をしてくださった江川さんのおかげで楽しいものだった。江川さんも編集部の小野さんも楽しそうだった。しかし、その後江川さんがテープ起こし原稿を信じがたい短期間で本書用の原稿にまとめてくださった期間は、彼女にとって地獄の日々だったろうし、それは五〜六月に江川稿を最終稿化したわたしにもそうだった（編集部の小野さんにとっては、もっとそうだったろう）。前述したように、中間稿の段階でいただいたコメントはどれも真摯で有益なものだったが、なかには真っ向から対立する趣旨のものもあり、最終稿に反映させるのは正直骨の折れる作業ではあった。

そういった一切のことも、なんとか終え、「あとがき」までたどりつけたのは、右に挙げた方々の、文字どおり有り難いご協力のおかげである。むろん、こうしたご助力にもかかわらず残っているであろう間違い、不適切さはわたしの責任である。

二〇一五年七月、締め切りのすこし後の日に

吉田満『戦中派の死生観』文藝春秋，1980年．文春文庫，1984年．

吉田裕『日本人の戦争観——戦後史のなかの変容』岩波書店，1995年．岩波現代文庫，2005年．

吉見義明『日本軍「慰安婦」制度とは何か』岩波ブックレット，2010年．

読売新聞戦争責任検証委員会編著『検証　戦争責任』全2巻，中央公論新社，2006年．中公文庫，2009年．

劉傑・三谷博・楊大慶編『国境を越える歴史認識——日中対話の試み』東京大学出版会，2006年．

B・V・A・レーリンク著，A・カッセーゼ編，小菅信子訳『東京裁判とその後——ある平和家の回想』中公文庫，2009年．

若宮啓文『戦後保守のアジア観』朝日選書，1995年．改題『和解とナショナリズム——新版・戦後保守のアジア観』2006年．全面改稿『戦後70年　保守のアジア観』2014年．

王敏『中国人の愛国心——日本人とは違う5つの思考回路』PHP新書，2005年．

「特集　東京裁判とは何か」，『現代思想』2007年8月．

志水速雄「東京裁判史観の呪縛を排す」，『諸君！』1983年12月.
蔣介石著，山田礼三訳『暴を以て暴に報ゆる勿れ』白揚社，1947年.
女性のためのアジア平和国民基金『「慰安婦」問題とアジア女性基金』女性のためのアジア平和国民基金，2007年.
鶴見俊輔「知識人の戦争責任」，『中央公論』1956年1月.
東京裁判研究会編『共同研究　パル判決書』全2巻，講談社学術文庫，1984年.
東京裁判ハンドブック編集委員会編『東京裁判ハンドブック』青木書店，1989年.
中里成章『パル判事——インド・ナショナリズムと東京裁判』岩波新書，2011年.
永原陽子編『「植民地責任」論——脱植民地化の比較史』青木書店，2009年.
朴裕河著，佐藤久訳『和解のために——教科書・慰安婦・靖国・独島』平凡社，2006年．平凡社ライブラリー，2011年.
朴裕河『帝国の慰安婦——植民地支配と記憶の闘い』朝日新聞出版，2014年.
秦郁彦『南京事件——「虐殺」の構造』中公新書，1986年．増補版，2007年.
秦郁彦『慰安婦と戦場の性』新潮選書，1999年.
波多野澄雄『国家と歴史——戦後日本の歴史問題』中公新書，2011年.
服部龍二『日中国交正常化——田中角栄，大平正芳，官僚たちの挑戦』中公新書，2011年.
服部龍二『外交ドキュメント　歴史認識』岩波新書，2015年.
日暮吉延『東京裁判』講談社現代新書，2008年.
細谷千博・安藤仁介・大沼保昭編『東京裁判を問う——国際シンポジウム』講談社，1984年．講談社学術文庫，1989年.
本多勝一『中国の旅』朝日新聞社，1972年．朝日文庫，1981年.
本多勝一『中国の日本軍』創樹社，1972年.
リチャード・H・マイニア著，安藤仁介訳『勝者の裁き——戦争裁判・戦争責任とは何か』福村出版，1972年．改題『東京裁判——勝者の裁き』新装版，1998年.
松尾尊兊編『石橋湛山評論集』岩波文庫，1984年.
毛里和子『日中関係——戦後から新時代へ』岩波新書，2006年.
尹貞玉他『朝鮮人女性がみた「慰安婦問題」——明日をともに創るために』三一書房，1992年.
吉田満『戦艦大和の最期』創元社，1952年．改題『戦艦大和ノ最期』講談社文芸文庫，1994年.

る』リブロポート，1985年.
大沼保昭「単一民族社会の神話を超えて」，『中央公論』1985年9月．大沼『単一民族社会の神話を超えて』所収.
大沼保昭『単一民族社会の神話を超えて――在日韓国・朝鮮人と出入国管理体制』東信堂，1986年．新版，1993年.
大沼保昭・徐龍達編『在日韓国・朝鮮人と人権――日本人と定住外国人との共生を目指して』有斐閣，1986年．新版，2005年.
大沼保昭『サハリン棄民――戦後責任の点景』中公新書，1992年.
大沼保昭・下村満子・和田春樹編『「慰安婦」問題とアジア女性基金』東信堂，1998年.
大沼保昭『在日韓国・朝鮮人の国籍と人権』東信堂，2004年.
大沼保昭『「慰安婦」問題とは何だったのか――メディア・NGO・政府の功罪』中公新書，2007年.
大沼保昭『東京裁判、戦争責任、戦後責任』東信堂，2007年.
大沼保昭・岸俊光編『慰安婦問題という問い――東大ゼミで「人間と歴史と社会」を考える』勁草書房，2007年.
大沼保昭「朝日・本田雅和記者との対決――慰安婦救済を阻んだ日韓メディアの大罪」，『文藝春秋』2014年11月.
大沼保昭「メディアの「公共性」と「権力性」を問う――日本のイメージはどう創られるのか」，『中央公論』2015年3月.
小倉紀蔵・小針進編『日韓関係の争点』藤原書店，2014年.
ラス・カサス著，染田秀藤訳『インディアスの破壊についての簡潔な報告』岩波文庫，1976年．改版，2013年.
木下順二『神と人とのあいだ』講談社，1972年.
木村幹『日韓歴史認識問題とは何か――歴史教科書・「慰安婦」・ポピュリズム』ミネルヴァ書房，2014年.
熊谷奈緒子『慰安婦問題』ちくま新書，2014年.
栗山尚一著，中島琢磨・服部龍二・江藤名保子編『外交証言録　沖縄返還・日中国交正常化・日米「密約」』岩波書店，2010年.
国際法律家委員会著，自由人権協会・日本の戦争責任資料センター訳『国際法からみた「従軍慰安婦」問題』明石書店，1995年.
櫻井よしこ・田久保忠衛・劉江永・歩平・趙甲濟・洪熒・古田博司・金燦栄『日中韓 歴史大論争』文春新書，2010年.
佐藤和男監修，終戦五十周年国民委員会編『世界がさばく東京裁判――85人の外国人識者が語る連合国批判』終戦五十周年国民委員会，1996年．改訂版，明成社，2005年.
産経新聞社『歴史戦――朝日新聞が世界にまいた「慰安婦」の嘘を討つ』産経新聞出版，2014年.

参考文献

「歴史認識」にかかわる文献は膨大な数にのぼるが，ここでは新書などを中心に，比較的読みやすく入手しやすいものと，大沼・江川が「これはぜひ」と考えるいくつかの著作に限った．

阿部浩己『国際法の暴力を超えて』岩波書店，2010年．

石井明ほか編『記録と考証　日中国交正常化・日中平和友好条約締結交渉』岩波書店，2003年．

石田勇治『過去の克服――ヒトラー後のドイツ』白水社，2002年．新装復刊，2014年．

伊丹万作「戦争責任者の問題」，『映画春秋』創刊号，1946年8月．

稲田朋美『私は日本を守りたい――家族，ふるさと，わが祖国』PHP研究所，2010年．

アンネッテ・ヴァインケ著，板橋拓己訳『ニュルンベルク裁判――ナチ・ドイツはどのように裁かれたのか』中公新書，2015年．

上野千鶴子『ナショナリズムとジェンダー』青土社，1998年．新版，岩波現代文庫，2012年．

内海愛子『戦後補償から考える日本とアジア』山川出版社・日本史リブレット，2002年．

内海愛子・大沼保昭・田中宏・加藤陽子『戦後責任――アジアのまなざしに応えて』岩波書店，2014年．

NHK取材班『周恩来の決断――日中国交正常化はこうして実現した』日本放送出版協会，1993年．

遠藤周作『海と毒薬』文芸春秋新社，1958年．講談社文庫，1971年．

大熊信行『国家悪――戦争責任は誰のものか』中央公論社，1957年．改題『国家悪――人類に未来はあるか』新版，潮出版社，1969年．増補新装版，論創社，2011年．

大沼保昭『戦争責任論序説――「平和に対する罪」の形成過程におけるイデオロギー性と拘束性』東京大学出版会，1975年．

大沼保昭「「文明の裁き」「勝者の裁き」を超えて」，『中央公論』1983年8月．大沼『東京裁判、戦争責任、戦後責任』所収．

大沼保昭「「ひとさし指の自由」のために――多元的価値から見た外国人指紋押捺制」，『中央公論』1984年8月．大沼『単一民族社会の神話を超えて』所収．

大沼保昭『ドリアンの国，ロームシャの影――東南アジアを旅して考え

【元慰安婦の方々に対する内閣総理大臣の手紙・全文】

拝啓

このたび、政府と国民が協力して進めている「女性のためのアジア平和国民基金」を通じ、元従軍慰安婦の方々へのわが国の国民的な償いが行われるに際し、私の気持ちを表明させていただきます。

いわゆる従軍慰安婦問題は、当時の軍の関与の下に、多数の女性の名誉と尊厳を深く傷つけた問題でございました。私は、日本国の内閣総理大臣として改めて、いわゆる従軍慰安婦として数多の苦痛を経験され、心身にわたり癒しがたい傷を負われたすべての方々に対し、心からおわびと反省の気持ちを申し上げます。

我々は、過去の重みからも未来への責任からも逃げるわけにはまいりません。わが国としては、道義的な責任を痛感しつつ、おわびと反省の気持ちを踏まえ、過去の歴史を直視し、正しくこれを後世に伝えるとともに、いわれなき暴力など女性の名誉と尊厳に関わる諸問題にも積極的に取り組んでいかなければならないと考えております。

末筆ながら、皆様方のこれからの人生が安らかなものとなりますよう、心からお祈りしております。

敬具

平成八（1996）年

日本国内閣総理大臣　橋本龍太郎

（歴代署名：小渕恵三、森喜朗、小泉純一郎）

いが今どうしても必要だ、という信念の下にこの基金の呼びかけ人となりました。

呼びかけ人の中には、政府による補償がどうしても必要だ、いやそれには法的にも実際的にも多くの障害があり早急な実現は困難だなど、意見のちがいもあります。しかし、私たちは次の一点ですべて一致しております。

それは、すでに年老いた犠牲者の方々への償いに残された時間はない、一刻も早く行動を起こさなければならない、という気持ちです。

私たちは、「慰安婦」制度の犠牲者の名誉と尊厳の回復のために、歴史の事実の解明に全力を尽くし、心のこもった謝罪をするよう、政府に強く求めてまいります。同時に、彼女たちの福祉と医療に十分な予算を組み、誠実に実施するよう、監視の目を光らせるつもりです。さらに、日本や世界にまだ残る女性の尊厳の侵害を防止する政策を積極的にとるよう、求めてまいります。

しかし、なによりも大切なのは、一人でも多くの日本国民が犠牲者の方々の苦悩を受け止め、心からの償いの気持ちを示すことではないでしょうか。戦時中から今日まで50年以上に及ぶ彼女たちの屈辱と苦痛は、とうてい償いきれるものではないでしょう。それでも、私たち日本国民の一人一人がそれを理解しようと努め、それに基づいた具体的な償いの行動をとり、そうした心が彼女たちに届けば、癒し難い苦痛をやわらげるのに少しは役立ってくれる、私たちはそう信じております。

「従軍慰安婦」をつくりだしたのは過去の日本の国家です。しかし、日本という国は決して政府だけのものでなく、国民の一人一人が過去を引き継ぎ、現在を生き、未来を創っていくものでしょう。戦後50年という時期に全国民的な償いをはたすことは、現在を生きる私たち自身の、犠牲者の方々への、国際社会への、そして将来の世代への責任であると信じます。

この国民基金を通して、一人でも多くの日本の方々が償いの気持ちを示してくださるよう、切に参加と協力をお願い申し上げる次第です。

「女性のためのアジア平和国民基金」呼びかけ人

赤松良子	芦田甚之助	衞藤瀋吉	大来寿子
大鷹淑子	大沼保昭	岡本行夫	加藤タキ
下村満子	鈴木健二	須之部量三	高橋祥起
鶴見俊輔	野田愛子	野中邦子	萩原延壽
三木睦子	宮﨑　勇	山本　正	和田春樹

心身にわたり癒しがたい傷を負われたすべての方々に対し心からお詫びと反省の気持ちを申し上げる。また、そのような気持ちを我が国としてどのように表すかということについては、有識者のご意見なども徴しつつ、今後とも真剣に検討すべきものと考える。

われわれはこのような歴史の真実を回避することなく、むしろこれを歴史の教訓として直視していきたい。われわれは、歴史研究、歴史教育を通じて、このような問題を永く記憶にとどめ、同じ過ちを決して繰り返さないという固い決意を改めて表明する。

なお、本問題については、本邦において訴訟が提起されており、また、国際的にも関心が寄せられており、政府としても、今後とも、民間の研究を含め、十分に関心を払って参りたい。

【「アジア女性基金」呼びかけ文・全文】（1995年７月18日）

戦争が終わってから、50年の歳月が流れました。

この戦争は、日本国民にも諸外国、とくにアジア諸国の人々にも、甚大な惨禍をもたらしました。なかでも、十代の少女までも含む多くの女性を強制的に「慰安婦」として軍に従わせたことは、女性の根源的な尊厳を踏みにじる残酷な行為でした。こうした女性の方々が心身に負った深い傷は、いかに私たちがお詫びしても癒すことができるものではないでしょう。

しかし、私たちは、なんとか彼女たちの痛みを受け止め、その苦しみが少しでも緩和されるよう、最大限の力を尽くしたい、そう思います。これは、これらの方々に耐え難い犠牲を強いた日本が、どうしても今日はたさなければならない義務だと信じます。

政府は遅ればせながら、1993年８月４日の内閣官房長官談話（註：河野談話）と1994年８月31日の内閣総理大臣の談話（註：「平和友好交流計画」に関する村山総理の談話）で、これらの犠牲者の方々に深い反省とお詫びの気持ちを表わしました。そしてこの６月14日に、その具体的行動を発表しました。

（１）「慰安婦」制度の犠牲者への国民的な償いのための基金設置への支援、（２）彼女たちの医療、福祉への政府の拠金、（３）政府による反省とお詫びの表明、（４）本問題を歴史の教訓とするための歴史資料整備、というのがその柱です。基金は、これらの方々への償いを示すため、国民のみなさまから拠金を受けて彼女たちにこれをお届けすると共に、女性への暴力の廃絶など今日的な問題への支援も行うものです。私たちは、政府による謝罪と共に、全国民規模の拠金による「慰安婦」制度の犠牲者への償民を存亡の危機に陥れ、植民地支配と侵略によって、多くの国々、とりわけアジア諸国の人々に対して多大の損害と苦痛を与えました。私は、未来に誤ち無からしめんとするが故に、疑うべくもないこの歴史の事実を謙虚に受け止め、ここにあらためて痛切な反省の意を表し、心からのお詫びの気持ちを表明いたします。また、この歴史がもたらした内外すべての犠牲者に深い哀悼の念を捧げます。

敗戦の日から50周年を迎えた今日、わが国は、深い反省に立ち、独善的なナショナリズムを排し、責任ある国際社会の一員として国際協調を促進し、それを通じて、平和の理念と民主主義とを押し広めていかなければなりません。同時に、わが国は、唯一の被爆国としての体験を踏まえて、核兵器の究極の廃絶を目指し、核不拡散体制の強化など、国際的な軍縮を積極的に推進していくことが肝要であります。これこそ、過去に対するつぐないとなり、犠牲となられた方々の御霊を鎮めるゆえんとなると、私は信じております。

「杖《よ》るは信に如《し》くは莫《な》し」と申します。この記念すべき時に当たり、信義を施政の根幹とすることを内外に表明し、私の誓いの言葉といたします。

【河野談話・全文】（1993年８月４日）

いわゆる従軍慰安婦問題については、政府は、一昨年12月より、調査を進めて来たが、今般その結果がまとまったので発表することとした。

今次調査の結果、長期に、かつ広範な地域にわたって慰安所が設置され、数多くの慰安婦が存在したことが認められた。慰安所は、当時の軍当局の要請により設営されたものであり、慰安所の設置、管理及び慰安婦の移送については、旧日本軍が直接あるいは間接にこれに関与した。慰安婦の募集については、軍の要請を受けた業者が主としてこれに当たったが、その場合も、甘言、強圧による等、本人たちの意思に反して集められた事例が数多くあり、更に、官憲等が直接これに加担したこともあったことが明らかになった。また、慰安所における生活は、強制的な状況の下での痛ましいものであった。

なお、戦地に移送された慰安婦の出身地については、日本を別とすれば、朝鮮半島が大きな比重を占めていたが、当時の朝鮮半島は我が国の統治下にあり、その募集、移送、管理等も、甘言、強圧による等、総じて本人たちの意思に反して行われた。

いずれにしても、本件は、当時の軍の関与の下に、多数の女性の名誉と尊厳を深く傷つけた問題である。政府は、この機会に、改めて、その出身地のいかんを問わず、いわゆる従軍慰安婦として数多の苦痛を経験され、

同声明が発出される日に終了する。
二　日本国政府は、中華人民共和国政府が中国の唯一の合法政府であることを承認する。
三〜四　（略）
五　中華人民共和国政府は、中日両国国民の友好のために、日本国に対する戦争賠償の請求を放棄することを宣言する。
（以下略）

【村山談話・全文】（1995年８月15日）

先の大戦が終わりを告げてから、50年の歳月が流れました。今、あらためて、あの戦争によって犠牲となられた内外の多くの人々に思いを馳せるとき、万感胸に迫るものがあります。

敗戦後、日本は、あの焼け野原から、幾多の困難を乗りこえて、今日の平和と繁栄を築いてまいりました。このことは私たちの誇りであり、そのために注がれた国民の皆様１人１人の英知とたゆみない努力に、私は心から敬意の念を表わすものであります。ここに至るまで、米国をはじめ、世界の国々から寄せられた支援と協力に対し、あらためて深甚な謝意を表明いたします。また、アジア太平洋近隣諸国、米国、さらには欧州諸国との間に今日のような友好関係を築き上げるに至ったことを、心から喜びたいと思います。

平和で豊かな日本となった今日、私たちはややもすればこの平和の尊さ、有難さを忘れがちになります。私たちは過去のあやまちを２度と繰り返すことのないよう、戦争の悲惨さを若い世代に語り伝えていかなければなりません。とくに近隣諸国の人々と手を携えて、アジア太平洋地域ひいては世界の平和を確かなものとしていくためには、なによりも、これらの諸国との間に深い理解と信頼にもとづいた関係を培っていくことが不可欠と考えます。政府は、この考えにもとづき、特に近現代における日本と近隣アジア諸国との関係にかかわる歴史研究を支援し、各国との交流の飛躍的な拡大をはかるために、この２つを柱とした平和友好交流事業を展開しております。また、現在取り組んでいる戦後処理問題についても、わが国とこれらの国々との信頼関係を一層強化するため、私は、ひき続き誠実に対応してまいります。

いま、戦後50周年の節目に当たり、われわれが銘記すべきことは、来し方を訪ねて歴史の教訓に学び、未来を望んで、人類社会の平和と繁栄への道を誤らないことであります。

わが国は、遠くない過去の一時期、国策を誤り、戦争への道を歩んで国

円の価値を有する日本国の生産物及び日本人の役務を、この協定の効力発生の日から十年の期間にわたつて無償で供与するものとする。（以下略）

（ｂ）現在において七百二十億円に換算される二億合衆国ドルに等しい円の額に達するまでの長期低利の貸付けで、大韓民国政府が要請し、かつ、３の規定に基づいて締結される取極に従つて決定される事業の実施に必要な日本国の生産物及び日本人の役務の大韓民国による調達に充てられるものをこの協定の効力発生の日から十年の期間にわたつて行なうものとする。（以下略）

２～３　（略）

第二条

１　両締約国は、両締約国及びその国民（法人を含む。）の財産、権利及び利益並びに両締約国及びその国民の間の請求権に関する問題が、千九百五十一年九月八日にサン・フランシスコ市で署名された日本国との平和条約第四条（ａ）に規定されたものを含めて、完全かつ最終的に解決されたこととなることを確認する。

（以下略）

【日中共同声明・抜粋】（1972年９月29日）

（前略）

日中両国は、一衣帯水の間にある隣国であり、長い伝統的友好の歴史を有する。両国国民は、両国間にこれまで存在していた不正常な状態に終止符を打つことを切望している。戦争状態の終結と日中国交の正常化という両国国民の願望の実現は、両国関係の歴史に新たな一頁を開くこととなろう。

日本側は、過去において日本国が戦争を通じて中国国民に重大な損害を与えたことについての責任を痛感し、深く反省する。また、日本側は、中華人民共和国政府が提起した「復交三原則」を十分理解する立場に立つて国交正常化の実現をはかるという見解を再確認する。中国側は、これを歓迎するものである。

日中両国間には社会制度の相違があるにもかかわらず、両国は、平和友好関係を樹立すべきであり、また、樹立することが可能である。両国間の国交を正常化し、相互に善隣友好関係を発展させることは、両国国民の利益に合致するところであり、また、アジアにおける緊張緩和と世界の平和に貢献するものである。

一　日本国と中華人民共和国との間のこれまでの不正常な状態は、この共日本国は、極東国際軍事裁判所並びに日本国内及び国外の他の連合国戦争犯罪法廷の裁判を受諾し、且つ、日本国で拘禁されている日本国民にこれらの法廷が課した刑を執行するものとする。（以下略）

第十四条

（a）日本国は、戦争中に生じさせた損害及び苦痛に対して、連合国に賠償を支払うべきことが承認される。しかし、また、存立可能な経済を維持すべきものとすれば、日本国の資源は、日本国がすべての前記の損害及び苦痛に対して完全な賠償を行い且つ同時に他の債務を履行するためには現在充分でないことが承認される。

よつて、

1　日本国は、現在の領域が日本国軍隊によつて占領され、且つ、日本国によつて損害を与えられた連合国が希望するときは、生産、沈船引揚げその他の作業における日本人の役務を当該連合国の利用に供することによつて、与えた損害を修復する費用をこれらの国に補償することに資するために、当該連合国とすみやかに交渉を開始するものとする。（以下略）

2　（略）

（b）この条約に別段の定がある場合を除き、連合国は、連合国のすべての賠償請求権、戦争の遂行中に日本国及びその国民がとつた行動から生じた連合国及びその国民の他の請求権並びに占領の直接軍事費に関する連合国の請求権を放棄する。

第十九条

（a）日本国は、戦争から生じ、又は戦争状態が存在したためにとられた行動から生じた連合国及びその国民に対する日本国及びその国民のすべての請求権を放棄し、且つ、この条約の効力発生の前に日本国領域におけるいずれかの連合国の軍隊又は当局の存在、職務遂行又は行動から生じたすべての請求権を放棄する。

（以下略）

【日韓請求権協定・抜粋】（1965年6月22日）

（前略）

第一条

1　日本国は、大韓民国に対し、

（a）現在において千八十億円に換算される三億合衆国ドルに等しい

資　料

「歴史認識」に関する資料のごく一部を時系列で収録した.「慰安婦」問題に関する三資料は最後にまとめて掲載した.

【極東国際軍事裁判所憲章】（1946年1月19日）

第一条　裁判所の設置

極東に於ける重大戦争犯罪人の公正且迅速なる審理及び処罰の為め、茲《ここ》に極東国際軍事裁判所を設置す。（以下略）

第五条　人並に犯罪に関する管轄

本裁判所は、平和に対する罪を包含せる犯罪に付個人として又は団体構成員として訴追せられたる極東戦争犯罪人を審理し、処罰するの権限を有す。

左に掲ぐる一又は数個の行為は、個人責任あるものとし、本裁判所の管轄に属する犯罪とす。

（イ）平和に対する罪　即ち、宣戦を布告せる又は布告せざる侵略戦争、若《もしく》は国際法、条約、協定又は保証に違反せる戦争の計画、準備、開始、又は実行、若は右諸行為の何れかを達成する為の共通の計画又は共同謀議への参加。

（ロ）通例の戦争犯罪　即ち、戦争法規又は戦争慣例の違反。

（ハ）人道に対する罪　即ち、戦前又は戦時中為されたる殺戮、殲滅《せんめつ》、奴隷的虐使、追放其の他の非人道的行為、若は政治的又は人種的理由に基く迫害行為であつて犯行地の国内法違反たると否とを問はず本裁判所の管轄に属する犯罪の遂行として又は之に関聯して為されたるもの。

上記犯罪の何れかを犯さんとする共通の計画又は共同謀議の立案又は実行に参加せる指導者、組織者、教唆者及び共犯者は、斯かる計画の遂行上為されたる一切の行為に付、其の何人に依りて為されたるとを問はず責任を有す。

【サンフランシスコ平和条約・抜粋】（1951年9月8日）

第十一条

大沼保昭（おおぬま・やすあき）

1946年（昭和21年），山形県に生まれる．東京大学法学部卒業．東京大学大学院法学政治学研究科教授，明治大学法学部特任教授などを歴任．東京大学名誉教授．専攻，国際法．87年，石橋湛山賞受賞．著書に『サハリン棄民』『「慰安婦」問題とは何だったのか』『倭国と極東のあいだ』『戦争責任論序説』『東京裁判から戦後責任の思想へ』『ドリアンの国、ロームシャの影』『単一民族社会の神話を超えて』『人権、国家、文明』『在日韓国・朝鮮人の国籍と人権』『国際法——はじめて学ぶ人のための』『東京裁判、戦争責任、戦後責任』『国際法』など．
2018年10月逝去．

江川紹子（えがわ・しょうこ）

1958年（昭和33年），東京都に生まれる．早稲田大学政治経済学部卒業．神奈川新聞社社会部記者を経て，フリージャーナリストに．95年，菊池寛賞受賞．著書に『冤罪の構図』『魂の虜囚』『勇気ってなんだろう』『名張毒ブドウ酒殺人事件』『特捜検察は必要か』『「カルト」はすぐ隣に』など．

「歴史認識《れきしにんしき》」とは何《なに》か

中公新書 2332

2015年7月25日初版
2019年10月20日7版

著者 大沼保昭
　　 江川紹子
発行者 松田陽三

本文印刷 三晃印刷
カバー印刷 大熊整美堂
製本 小泉製本

発行所 中央公論新社
〒100-8152
東京都千代田区大手町 1-7-1
電話 販売 03-5299-1730
　　 編集 03-5299-1830
URL http://www.chuko.co.jp/

Published by CHUOKORON-SHINSHA, INC.
Printed in Japan　ISBN978-4-12-102332-2 C1221

中公新書

現代史

「歴史認識」とは何か

中公新書 2332